Dans les coulisses du
MUSÉE
DU LOUVRE

献给“我生命中的两个女人”——我的母亲和女儿；献给洛朗。

贝雷尼丝·若弗鲁瓦－施内特

献给埃洛伊兹、康斯坦丝和基力安。

露西尔·皮凯蒂

卢浮宫的幕布之后

[法] 贝雷尼丝·若弗鲁瓦-施内特（Bérénice Geoffroy-Schneiter） 著
[法] 露西尔·皮凯蒂（Lucile Piketty） 绘
赵飒 译

目录

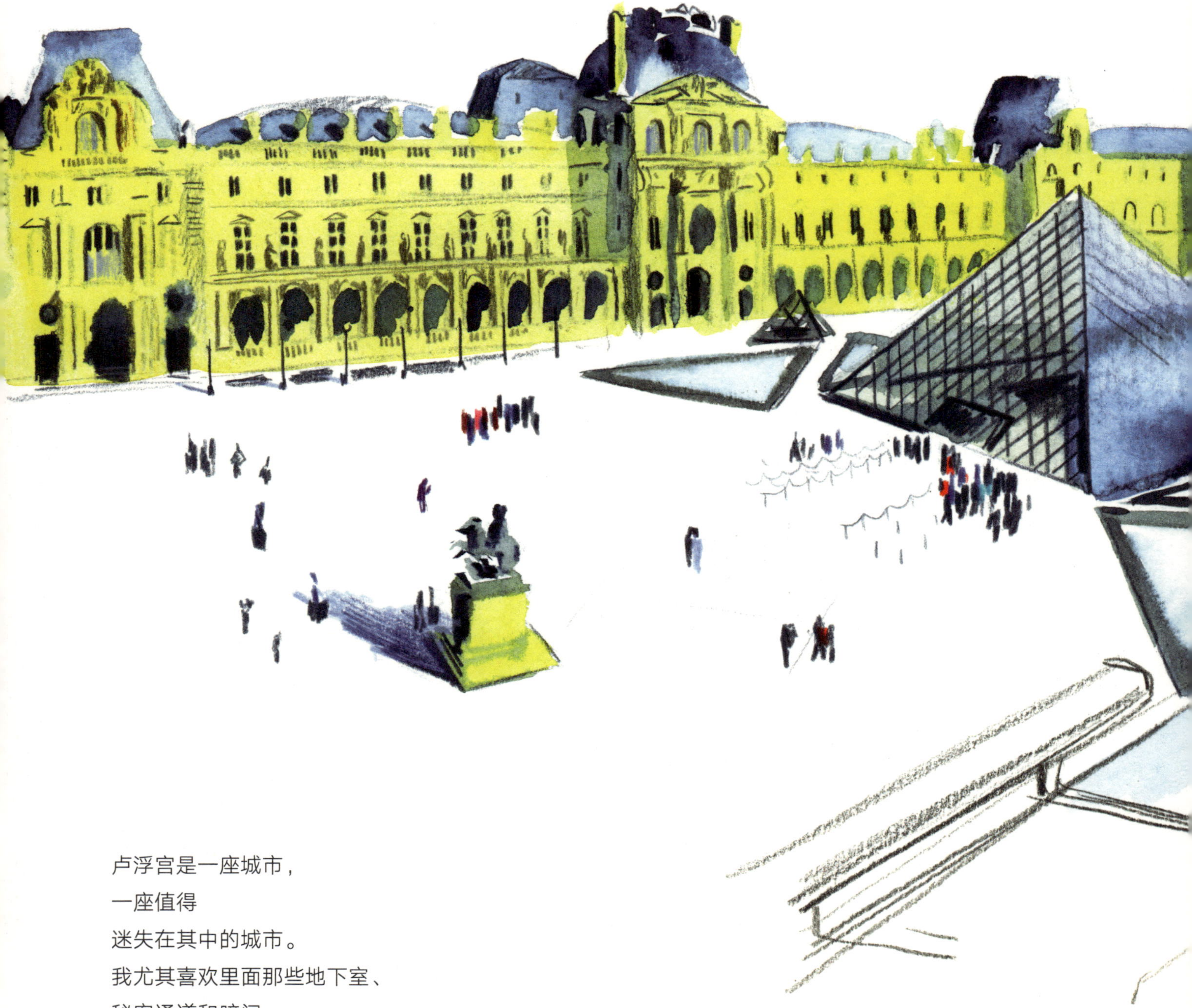

卢浮宫是一座城市，
一座值得
迷失在其中的城市。
我尤其喜欢里面那些地下室、
秘密通道和暗门……
这座宫殿的主人是那些对这个空间了如指掌，
手握一串串钥匙的人。

让 - 吕克 · 马丁内兹（Jean-Luc Martinez）

序言：在让-吕克·马丁内兹的办公室

让-吕克·马丁内兹曾担任卢浮宫博物馆古希腊、伊特鲁里亚和古罗马文物部主任，2013年4月3日被任命为卢浮宫博物馆馆长。他说，这一切要归功于国家对他的培养，馆长一职对他来说既是一种巨大的荣耀，也意味着沉重的责任。这位考古学家和艺术史学家学识渊博又干劲十足，他的愿望就是让更多的人欣赏到博物馆的藏品。今年2月27日，忙碌的让-吕克·马丁内兹在他位于莫里恩殿（Pavillon Mollien）内宏伟庄严的办公室接待了我们。这样一个略显严肃的办公场所，却别出心裁地点缀着《米洛的维纳斯》各种颜色的复制品。这也从另一个角度反映出馆长早年的兴趣爱好：他曾在卢浮宫学院研习希腊雕塑，1993—1996年还是法国雅典学院的成员。

让－吕克·马丁内兹

卢浮宫的入口——
建筑师贝聿铭设计的金字塔——
本身就是一件艺术品，这在博物馆界十分罕见。
让 - 吕克 · 马丁内兹

“我在一座小城市的郊区长大，那里根本没有历史。我第一次去卢浮宫是六年级。能看到一座古老的建筑对我来说已经足够震撼了，而这座承载着历史的宫殿以令人着迷的方式将建筑和雕塑融合在一起，愈发令我叹为观止。多年以后，15 岁的我独自再次前往卢浮宫，之后便养成了常去参观的习惯。我很喜欢查理十世厅里的展室……当年还没通电，很多时候差不多只有我一个人在里面。我很快就对古希腊陶器和绘画着了迷。我把它们画下来，通过这种方式将它们占为己有。不过，对我来说最重要的还是整个宫殿，我尤其钟爱红厅（Salles Rouges）[1]。年少的我当然对博物馆馆长这个职业一无所知，大概是在进入卢浮宫学院以后，读到历史系二年级时，我才逐渐对此有了一些概念。那几年的学习给了我一种极大的自由感，我每天从早到晚泡在各种博物馆里，乐此不疲。我将艺术作品分门别类地描绘下来：古希腊陶罐、印章、衿针等等。

“在法国雅典学院工作了三年后，1996 年我开始担任古希腊、伊特鲁里亚和古罗马文物部主任的职务。工作人员交给我一串具有强烈象征意义的钥匙，我由此发现了另一个世界：这是博物馆管理员静悄悄的小世界，也是不对外展出藏品的世界。从这时起，我可以直接研究藏品了，这对我来说又是一重新的震撼！我的面前突然出现了研究员无法接触到的成批的艺术品。最初的震撼催生了我作为卢浮宫馆长的优先使命之一，那就是将全部藏品放在网络上，让更多的人可以看到它们，包括学生和研究员。

1　卢浮宫内有两座展厅为红色内墙，因此得名“红厅”。——译者注（下同）

让－吕克·马丁内兹的办公室
dans le bureau de Jean-Luc Martinez

le couloir de la direction
pavillon Mollien
莫里恩殿内管理处的走廊

“同样，我也非常关注参观者的接待条件。人们对卢浮宫的渴望如此强烈，我们必须满足他们！前任馆长们都是博物馆的缔造者和建造者，而我则希望回归到最基本的层面，也就是给参观者们‘戴上眼镜’：钟馆的展厅就是为了帮助参观者了解卢浮宫而设立的。我的另一个首要使命是重新激起参观者对常规藏品的热情。现实中的博物馆并不是为了记录历史事件而存在的，而是一个开展科学研究、修复、清点和悬挂藏品的地方。我来到卢浮宫以后，绘画部、雕塑部和艺术品部近两万平方米的展室都进行了翻新。我是这座博物馆的服务者，同时也是它的使用者：一有机会，我就会到展室去观赏作品，每一次都为它们所折服。卢浮宫就是幻梦与幻想不竭的源泉……”

MUSEE DU LOUVRE

喧嚣忙碌的“大蜂巢”

卢浮宫博物馆的建筑面积为 36 万平方米，其中 8.6 万平方米对公众开放，庭院和花园占地 37 公顷，地面由 65 万块砂岩和花岗岩铺就。这座博物馆就是一个微型社会，一个居住着约两千人的小小星球，这些居民在或明或暗的地方为这颗星球赋予勃勃生机。我们在卢浮宫可以碰到形形色色的人：管理员、讲演人、出版商、档案员、新闻专员、艺术品修复师、舞台布景师、园丁、消防员、接待与监管员、维护员、底座雕刻师、细木工匠、挂毯织工、画家、锁匠……所有人都对这个无与伦比的地方心怀同样的热爱。在卢浮宫工作并非无心之选，每个人都会告诉你：这既是一份神圣的职业，也是一种爱好！

这更是一种巨大的成就，毕竟，想要在真正意义上熟悉世界上最大的博物馆，日积月累的练习是必不可少的。卢浮宫内遍布一重又一重庭院，一眼望不到头的长廊，还有狭窄的扶梯和秘密通道。它就像一个魅力十足的舞台，而幕布之后是一座座迷宫，即使已在那里工作多年，照样会一不小心就迷失其中。

它既是宫殿，也是博物馆，还是一个生命；它遵循着自己的法则，有着自己的心跳律动。在卢浮宫深处徜徉，就如同踏上了一次考古之旅；沉浸在工作室和各个部门的日常工作当中，仿佛身处一座巨大歌剧院的中心，那里的演员一遍遍地排练着，夜以继日，孜孜不倦。

探秘开始

卢浮宫就像一座城堡，进出有一套严格的程序。如果想要出于工作上的目的进入卢浮宫，就必须掌握“芝麻开门”的口诀，那就是人人渴望得到的胸牌。向博物馆的行政部门出示“犯罪记录证明摘要”（当然没有案底啦！）后，我们拿到了这张珍贵的王牌，进入了这艘“卢浮宫号邮轮”的核心地带。我们的探秘首先从接待与监管员开始，没有人比他们更熟悉博物馆神秘的地形了。

接待与监管员：卢浮宫的守夜人

一身笔挺的正装，头发一丝不苟地盘在脑后，克里斯蒂娜·菲南斯（Christine Finance）的身上显露着胜任这个职位必备的三种品质：严谨，高效，彬彬有礼。作为博物馆接待与展品监管处的副主任，她的职责范围覆盖近 6 万平方米，即博物馆内的全部厅室，此外还有临时展区。自 2006 年 7 月就任至今，她从不掩饰对这份工作的热忱，以及对手下约 700 名接待与监管员的尊重，甚至是友爱。

克里斯蒂娜·菲南斯兴致勃勃地讲道：“我们的工作就是以最好的状态接待公众，包括早上 9 点一到就涌向《蒙娜丽莎》的第一批游客，等待观看展览的队伍，时不时还有在博物馆里迷路的大批参观者。大部分人是不会注意到接待与监管员的，而他们正是博物馆的眼和手，是每天亲历着博物馆里一举一动的重要坐标。没有他们，什么灾难都可能发生！他们是首先注意到墙面或艺术品上破损痕迹的人；他们还负责向管理员报告温度的变化以及湿度的突然下降。他们对自己的展厅有着深深的责任感，与展品也保持着一种十分亲密的关系。”

Christine Finance, directrice adjointe en charge de l'accueil et de la surveillance muséographique

克里斯蒂娜·菲南斯，接待与展品监管处副主任

“我算是纯正的‘卢浮宫出品’！1986 年，我进入卢浮宫学院，从此就再也没有离开过这座博物馆。不过，每每看到参观者第一次亲眼看到《蒙娜丽莎》和《拿破仑加冕礼》等作品时流露出的喜悦，感觉依然是很奇妙的。” 克里斯蒂娜·菲南斯

他们远不是那种语带讽刺、不讨人喜欢又总闹罢工的"守卫"。值得注意的是，对"接待与监管员"(目前的叫法)的职业素质要求发生了很大的改变。他们中既有虽无学历但工作上无可挑剔的人，也有乐于沉浸在艺术品世界中的艺术家，还有一边上学一边打工的博士生……

他们的地域和文化背景也各不相同：有布列塔尼人、科西嘉人、安的列斯人，还有来自印度和非洲的员工。克里斯蒂娜·菲南斯热情地介绍："以前的招聘十分注重应征者是否有参军经历，直到 20 世纪 70 年代，守卫都一直身着军服，并且要配备武器的。博物馆从五六十年代开始雇用科西嘉人，到七八十年代有了来自安的列斯的员工，后来又加入了主要来自本地治里[1]的印度员工，大大丰富了接待与监管员群体的人文色彩。有些人来自同一座岛屿，同一个村庄，甚至是同一个家庭——比如西里尔三兄弟，他们的母亲也曾经在卢浮宫工作！"

2015 年 11 月的恐怖袭击[2]发生后，这项工作的内容也确实发生了一些变化，接待与监管员们的词典中从此出现了"禁闭区"和"安全演习"等词语。克里斯蒂娜·菲南斯严肃地说："我们平时必须与巴黎消防队第 43 连联动，还要接受培训，学习救援动作，以便及时提供急救。"这种责任感也提升了卢浮宫接待与监管员们的自豪感。

1 印度的一个联邦属地。
2 2015 年 11 月 13 日晚，巴黎市发生多起爆炸和枪击事件，造成至少 132 人死亡。

哈克索·拉特纳卡拉(Haxo Ratnakala)，接待与监管员

"光是在黎塞留馆(Aile Richelieu)，就有 10—15 名来自本地治里的员工。我很喜欢这份被画作包围的工作。我经常参加关于展品的讲座，所以可以给参观者做一些讲解。在整座博物馆里，梅第奇廊(Galerie Médicis)是我最喜欢的地方之一，鲁本斯的技法和巨大的画幅令我深感震撼。每天的工作有这些画作相伴，让我感到自己跟它们十分亲密。它们几乎变成了一个个生命，变成了我的家人。"

让 - 弗朗索瓦 · 加热（Jean-François Gaget），接待与监管员

“我做接待与监管员已经 27 年了，从事这份职业让我学到了很多东西。以前，守卫是没有权利与参观者交流的，他们只是负责打理各个展厅。现在已经不是这样了。我们也不用再戴帽子、穿军服了，现在我们和参观者的主要区别在于我们佩戴的胸牌。在我看来，接待与监管员今天最主要的职责就是沟通，我们必须时刻做到尽善尽美，让卢浮宫保持‘梦想制造机’的形象。能在黎塞留馆的雕塑、家具和艺术品陪伴下工作，我感到很幸运。我们的工作环境真是无与伦比……”

卢浮宫是一个“异域星球”，有一套极度烦琐的规矩。在这里工作的每一个人都感到自己肩负着无比重大的责任。

第一站：

黎塞留馆

黎塞留馆由埃克托尔·勒菲埃尔（Hector Lefuel）在1852—1857年修建完成，最初是第二帝国的行政机构所在地，自1871年起成为财政部的办公地点。在一场惨烈的“游击战”[1]后，大卢浮宫（Grand Louvre）公共管理机构终于收回了这片魅力十足的空间，并将它改造成卢浮宫最受欢迎的部分之一。黎塞留馆从1993年11月起正式开放，馆内有拿破仑三世的套房，还有深受参观者青睐的马利中庭（Cour Marly）、皮热中庭（Cour Puget）和科撒巴德庭（Cour Khorsabad）。首先陪同我们参观的是干预组组长若埃尔·西里尔（Joël Cyrille）和黎塞留区接待与监管处副主管克里斯蒂娜·科梅尔（Christine Caumel）。

---

1 此处暗指“大卢浮宫计划”的艰辛历程。弗朗索瓦·密特朗在1981年当选法国总统后，启动了“大卢浮宫计划”，旨在将整座卢浮宫改造成博物馆。该计划意味着财政部要从黎塞留侧翼迁出，此举也获得了时任财政部长皮埃尔·佩雷格瓦（Pierre Bérégovoy）的批准。然而，右翼在1986年的国民议会选举中胜出后，新任财政部长爱德华·巴拉迪尔（Edouard Balladur）下令停止财政部的迁出工作，直到1988年左翼重新掌权后，“大卢浮宫计划”才得以恢复进行，整个计划的实施过程十分坎坷。

运动员的体魄，亮橙色的领带，布满文身的小臂，若埃尔·西里尔身上天然就散发出一种威严的气质。他以教科书般的礼貌和冷静态度，为黎塞留夹层上不停询问的参观者提供帮助和信息，回答诸如“去看胜利女神像的最短路线怎么走？”“《蒙娜丽莎》在哪儿？”“最近的出口在哪儿？”等等没完没了的问题。这边是一位带着孙子和孙女，有些晕头转向的老奶奶；那边是一对身着黑色T恤衫和荧光蓝球鞋、兴奋不已地探索着“卢浮星球”的年轻亚裔夫妇。所有人似乎都会约在贝聿铭的玻璃金字塔下碰头，大家讲着英语、俄语、汉语、阿拉伯语、日语……若埃尔·西里尔微笑着对我们说：“接待与监管员绝对不是一份缺乏活力的工作，我们要掌握多门语言，而且要喜欢与人交流。”一米九的身高，加上美国电视剧里警察那种笔直果断的步伐，若埃尔本身就有着某种震慑力，凭他一人便可以压下任何歇斯底里的苗头。自童年时代起，若埃尔·西里尔就了解卢浮宫和宫里那些隐藏最深的秘密通道。

“卢浮宫是一个永远在呼吸的机体。即便是每年博物馆闭馆的那三天（1月1日、5月1日和12月25日），也总有人在里面工作。” 若埃尔·西里尔

“在卢浮宫里，就如同身处一座世界剧院。”

弗朗索瓦丝·马尔德吕斯（Françoise Mardrus）
多米尼克-维旺·德农中心（Centre Dominique-Vivant Denon）主管

马利中庭和里面的雕塑群，一个可以在博物馆里畅快呼吸的地方

“我出生在安的列斯群岛，4 岁来到法国本土。我爸爸 1974 年开始在卢浮宫工作，所以我还是个孩子的时候就开始在勒菲埃尔中庭（Cour Lefuel）玩耍了。卢浮宫教会了我一切；我在这里长大，变得成熟。一开始，艺术和我完全不搭界；随着与这个地方越来越多的接触，我开始爱上艺术，对艺术作品和不同文化的兴趣也越来越深。不过，说老实话，卢浮宫还是挺累人的，一天到晚都人声喧闹。我们的工作始终处于饱和状态，作为干预员，有时一天要走上 15 公里！这种时候就会对这座世界最大博物馆的规模有切身感受……我们的任务首先是管理危机，为参观者排忧解难。我们为走丢的孩子、身体不适的参观者和意外受伤的游客提供帮助。我可以肯定地告诉你，在卢浮宫的石板地上摔一跤真的很疼！参观者得到帮助后对我们的感谢就是我们最大的欣慰。”若埃尔·西里尔不无自豪地说道。

科撒巴德庭，远处为庭内的一座双翼公牛像

克里斯蒂娜·科梅尔和若埃尔·西里尔在拿破仑三世套房内

在他身边的是黎塞留区接待与监管处副主管克里斯蒂娜·科梅尔，她的脸上同样洋溢着真诚的微笑。“我在这个职位上刚干了一年，每一天都无比开心！每天早上，我都有幸从幕后悄悄进入这里，成为第一个出现在展厅里的人。那是一个充满惬意和无限幸福的时刻，”这位充满活力的姑娘迫不及待地告诉我们，“黎塞留馆里有马利中庭、皮热中庭和科撒巴德庭，在这里可以看到天空，透透气。这里的参观者有些与众不同，他们（除了展品以外）也欣赏这些古老展厅的氛围、庄严的感觉和高雅的气质。”接着，克里斯蒂娜·科梅尔又补充道：“想象一下，二十多年前，财政部的办公室就设在卢浮宫的安吉丽娜咖啡馆（Café Angelina）里，而马利中庭和皮热中庭就是财政部工作人员的停车场！”

拿破仑三世套房内穷奢极侈的
大餐厅

从拿破仑三世套房主客厅内的观众台望向乐师席

在我们面前，无数人对着大餐厅自拍。连卢奇诺·维斯康蒂（Luchino Visconti）[1]都为这座餐厅拍摄了一部电影！餐厅的天花板上，宫廷画师欧仁·阿佩尔（Eugène Appert）笔下充满异域风情的小鸟呼之欲出，所有人都对当年在这里的巨型餐桌旁举办奢华宴席的场景津津乐道。后面的展厅同样金碧辉煌，里面是拿破仑三世套房的主客厅，中央是巨大的水晶吊灯，墙面上涂刷了大量的金色拉毛粉饰，厅内设有三人椅和长椅，都是漂亮的鲜红色。我们还想近距离欣赏一下夏尔 - 拉斐尔·马雷夏尔那幅著名的天顶画，画中描绘的是拿破仑三世合并卢浮宫和杜乐丽宫的场景。这件事可就说来话长了[2]……两位向导对我们来说是必不可少的，他们轻车熟路，还掌管着钥匙。在几位参观者羡慕的目光注视下，我们在向导的带领下登上了一座狭窄的盘梯。令人叹为观止的景象映入眼帘：拱形天花板下是乐师席，这里如今只剩下当年栩栩如生模仿花园藤架图案的墙纸。几只捕鼠夹提醒我们，就算卢浮宫再奢华，也逃不过这些啮齿类动物的摧残。

从乐师席看去，主客厅巨大无比。

1　卢奇诺·维斯康蒂是意大利著名导演，新现实主义电影代表人物，代表作有《大地在波动》、《豹》（金棕榈奖）、《北斗七星》（金狮奖）等。

2　亨利四世在 16 世纪首先提出将卢浮宫同杜乐丽宫合并成皇家建筑群的计划，该计划直到 19 世纪拿破仑三世统治时期才完成。然而，由于火灾和杜乐丽宫的损坏，合并的建筑群只存在了短短的 11 年（1860—1871 年）。

叙利馆（Aile Sully）：
从中世纪卢浮宫（Louvre Médiéval）
到卡娅第德大厅（Salle des Caryatides）

叙利馆是围绕方形中庭（Cour Carrée）的一段长廊，是卢浮宫内最古老的一部分，也是参观者了解卢浮宫不同历史阶段的最佳地点。进入叙利馆的地下部分后，右侧便是菲利普·奥古斯特在1190—1202年兴建的堡垒遗迹。徜徉于叙利馆内，还可以欣赏卡娅第德大厅里文艺复兴风格的精美装饰和厅里的乐师席。

活力四射的干预员纳代日·巴利（Nadège Bailly）在这里工作，此时也加入了我们。行程由围绕中世纪堡垒的宏伟城壕开始，这里或许算是卢浮宫里最壮观、最摄人心魄的地方了。成群的中学生抬起头，吃惊地发现自己正身处一座巨大的城堡之中。一位报告人对一群中国游客讲解道：“这是巴黎现存唯一的 7 世纪末军事建筑风格遗迹。”

Nadège Bailly, agent d'intervention

纳代日·巴利，干预员

“穿梭于卢浮宫的秘密之间，就是在用手指触摸卢浮宫的一段段历史。” 纳代日·巴利

我们的下一站是小小的圣路易展厅。这间展厅始建于1200年，展厅的屋顶在1230—1240年进行了翻修，并加盖了拱顶。谁又能想到，在这座私密小教堂的正上方，就是卡娅第德大厅和优美的古希腊雕塑。更令我们吃惊的是，在穿过一道栅栏门后，我们就进入了一座由雕满图案的走廊组成的迷宫。这片不对公众开放的12世纪建筑遗迹内，遍布着数米长的通风管道和电线。在羊肠小道和管线森林（比起卢浮宫来，这里更容易让人联想到博堡[1]）的尽头，另外一个惊喜等待着我们。在一扇达到潜水艇标准的沉重安全门背后，是整座博物馆内最隐秘的地方之一：建于第二次世界大战后的防原子弹掩蔽室，竖立在地上的一个个大理石柱脚，让整个地方显得愈发不同寻常。

从震惊中恢复过来后，我们向上走了几米，进入一条狭窄的通道。这条通道直接将我们带向了《米洛的维纳斯》所在的展厅。我们已经逐渐适应了这种不同气氛与建筑材料相互碰撞的感觉。同她的许多同事一样，纳代日·巴利也是历史爱好者，她告诉我们：“这里曾经是奥地利的安娜皇后冬季的寝室。”如今，这里已经被围在博物馆明星展品四周的粉丝游客占领，此起彼伏的自拍声不绝于耳……

1　即蓬皮杜中心，全称乔治·蓬皮杜国家文化艺术中心（Centre national d'art et de culture Georges-Pompidou），位于巴黎市区，外墙上布满了复杂的管线。

卢浮宫的防原子弹掩蔽室，大概是卢浮宫最隐蔽的场所之一了。

“15 世纪，
乐师要走到乐师席那里去，
就必定得经过一条狭窄的通道。
这条通道如今还在，我带你们去看看！”

让 - 皮埃尔 · 泰托（Jean-Pierre Teyteau），
叙利馆接待与监管处副主管

几米外，卢浮宫里最美丽的展厅之一——卡娅第德大厅向我们敞开了怀抱。展厅得名于厅内支撑起乐师席的四座女性雕像，它们由让·古戎（Jean Goujon）在1550年前后雕刻完成。卡娅第德大厅集中展现了古希腊雕塑的精髓（其中就包括著名的《沉睡的海尔玛弗狄忒》，时至今日，这座雕塑仍然令人浮想联翩），见证了不少或悲或喜的故事。它起初是亨利二世时期的一座舞厅，1610年6月21日至29日，它被选中用来展示刚遇刺不久的国王亨利四世的蜡像，随后国王停灵于此。据说，年轻的莫里哀正是在这里向国王路易十四展示了他最初的几部戏剧作品；1796—1806年，法兰西研究院在这里举行公开课；建筑师夏尔·佩西耶（Charles Percier）和皮埃尔·方丹（Pierre Fontaine）在帝国时期对这座展厅进行了全面改造。1957年4月14日，同样是在这座久负盛名的展厅里，时任法国总统勒内·科蒂（René Coty）为英国女王伊丽莎白二世和菲利普亲王举行了一场纪念晚宴。

《美惠三美神》，模仿率最高的古希腊雕塑群之一

专门用于展示古希腊雕塑艺术的卡娅第德大厅

L'accès au balcon des Caryatides
通往卡娅第德大厅乐师席

Jean-Pierre Teyteau
让 – 皮埃尔 · 泰托

四十年后，又一所学校的学生前来参观这些庄严肃穆的场所，欣赏古希腊雕塑艺术。昔日在这里参观的少年已经成了博物馆的一员。一个小男孩在接待与监管员警惕的目光下忘情地拥抱了一座维纳斯雕像的褶裥，后者对他进行了和蔼的教育。纳代日 · 巴利对我们说：“成年人也会伸手摸雕像，你们看，女像柱的底部就是因为被太多人触摸而出现了严重磨损。”依依不舍地离开了这座沐浴在柔光下的庄严展厅后，我们又走入了卢浮宫里另一条秘密通道，颇费了一番力气，终于来到乐师席的顶部。从这里望去，古希腊雕塑群的布局十分巧妙，令人印象深刻。我们利用这个机会，更加近距离地观察了本韦努托 · 切利尼（Bevenuto Cellini）的《枫丹白露的狄安娜》的模塑品。这件作品由雕塑家安托万 - 路易 · 贝尔（Antoine-Louis Bayre）在 1848 年制作完成，与狩猎女神狄安娜的气质堪称完美契合。

改造成博物馆展厅后的
卡娅第德大厅

德农馆（Aile Denon）：
从大画廊（Grande Galerie）
到伊斯兰艺术部（Département des Arts de l'Islam）

德农馆显然是最受参观者欢迎的展馆，大画廊、红厅和万国大厅（Salle des États）都坐落在这里，博物馆公认的明星《蒙娜丽莎》就陈列在万国大厅，前面隔着一层防弹玻璃。自2012年9月起，博物馆在德农馆的维斯孔蒂中庭（Cour Visconti）又设立了一个新的部门：伊斯兰艺术部。建筑师马里奥·贝里尼（Mario Bellini）和鲁迪·里奇奥蒂（Rudy Ricciotti）为这里设计了能折射出金褐色倒影的波浪形玻璃天棚。在德农馆监管处主管让-帕斯卡尔·马尔丹（Jean-Pascal Martin）的陪同下，我们已经准备好感受全然不同的氛围，并见识各色各样的参观者了。

Le premier visiteur de "La Joconde", 26 avril

《蒙娜丽莎》在 2017 年 4 月 26 日迎来的第一位参观者

与一周里除了周二外的每天一样，早上 9 点一到，参观者便涌进来欣赏《蒙娜丽莎》。这幅珍贵的画作自 2005 年 2 月 14 日起一直摆放在万国大厅。一个用来疏导人群的围栏将参观者与作品远远隔开，而建筑师洛伦佐·皮克拉斯（Lorenzo Piqueras）设计的展示装置更加深了作品的神圣之感。“90% 的参观者来德农馆都是为了看《蒙娜丽莎》的，每年可达 700 多万人。这种现象已经超出了常人的理解能力：列奥纳多·达·芬奇的这幅作品远不只名作那么简单，它已经成为一个传奇。”让 - 帕斯卡尔·马尔丹一边给我们讲解，一边向坐在作品两侧高椅上的三名工作人员打招呼。其中，克里斯多夫·勒比昂（Christophe Le Bihan）自 2003 年起担任卢浮宫的接待与监管员，参观者行为的变化让他感到非常难过。“他们高声说话，甚至看都不看展厅里其他的油画作品。即便是《蒙娜丽莎》，大部分参观者也都是背对着这幅画，从手机的摄像头里自拍着看。”所幸，那对年轻的亚裔夫妇没有像他说的那样，而是在这幅作品前驻足观赏了好几分钟，吃惊于它的尺寸（77 厘米 × 53 厘米）竟如此之小。相比之下，委罗内塞（Véronèse）的《加纳的婚礼》（*Les noces de Cana*）尺寸却大得令人叹为观止：6.77 米 × 9.94 米！让 - 帕斯卡尔·马尔丹回忆道：“万国大厅重新对外开放前，我们不得不切断门楣，才能将这幅巨型油画从隔壁的 76 号厅——德农馆——运进来。”

让 - 帕斯卡尔 · 马尔丹，
德农馆监管处主管

“一旦踏入卢浮宫，就必然会为它折服。令人着迷的不仅是它的展品，还有它本身。人们一边循着法国国王们的脚步前行，一边联想起圣巴塞洛缪日大屠杀，还有拿破仑的第二次婚礼。卢浮宫是巴黎的中心，也是法国历史的核心。16 岁那年，我曾在卢浮宫里待了一个月……四十年过去了，我还在这里！作为参与修复阿波罗长廊（Galerie d' Apollon）（这条长廊已经 150 年没有进行过任何修复了！）并在 2005 年参与修复万国大厅的一代人，我感到非常幸运。我还在 2012 年见证了伊斯兰艺术部的诞生。能在这里工作，就是一份天赐的礼物，也是一次有特殊意义的人类冒险。在我的职业生涯中，我遇到过不少对卢浮宫惊叹不已的人物。你们想象一下，我曾经望着肯尼迪顾问的妻子妮科尔 · 塞林格（Nicole Salinger），搀扶劳伦 · 白考尔（Lauren Bacall）走下《萨莫色雷斯岛的胜利女神》雕像所在的楼梯，还见过俄罗斯国际象棋冠军阿纳托里 · 卡尔波夫（Anatoli Karpov）。不过我最美好的回忆之一始终是，看着身着一袭优雅晚礼服的芬妮 · 阿尔丹（Fanny Ardant）徜徉在大画廊……”

我们再一次强烈地渴望前往位于这座巨大门厅上部的廊台。2014 年 12 月以来，那里设立了几个向参观者提供导览、明信片和模型的摊位。穿过“西隔墙”区域（这是卢浮宫复杂地形图中标示的说法），我们最终来到了这座巨型大厅的最上方。这里有一幅在法国几代君王（圣路易、弗朗索瓦一世、路易十四和拿破仑）资助下完成的巨型壁画，细节之处堪称精美。可惜的是，这幅壁画急需一场大规模修复，走廊的地板也该好好清扫一下了……

俯瞰德农馆。从这个角度望去，参观者就像一只只小蚂蚁一样！

伊斯兰艺术部的展厅之一，上方是马里奥·贝里尼和鲁迪·里奇奥蒂设计的波浪形玻璃天棚。

伊斯兰艺术部散发出的则是一种完全不同的气氛。我们在这里见到的内行更多一些，他们都在专心致志地阅读展品介绍。这里还有远道而来的穆斯林人群，在此欣赏展厅里陈列的三千件珍宝。我们现在乘电梯前往位于地下 6—12 米处的博物馆技术区。那里的景象给人一种超现实的感觉：崭新的空调箱仿佛使卢浮宫变为一艘巨轮里的机舱。我们忽然联想到了费德里科·费里尼（Federico Fellini）的佳作《船续前行》（*Et vogue le navire*，1983 年）。

“夜间巡逻”

这是每个人的梦想：待所有游客离去后，漫步在夜间昏暗的博物馆。为了完成这次夜间历险，我们约定 2017 年 4 月 27 日晚 9 点在安全中心见面——当然，我们不会在此透露安全中心的位置。气氛还算轻松，因为目前暂时没有任何故障（断电、漏水等）警报。弗雷德里克·比扬卡蒂尼（Frédéric Biancardini）和奥利维耶·贝朗（Olivier Berrand）两位接待与监管员拿上钥匙和手电，主动提出陪伴我们完成此次夜间出行。

Olivier Berrand

奥利维耶·贝朗

Frédéric Biancardini

弗雷德里克·比扬卡蒂尼

弗雷德里克·比扬卡蒂尼十分热爱他的工作环境，他告诉我们：“在卢浮宫里巡夜的时候，会感觉自己像个宇航员。博物馆变成了一艘幽灵船，城市里的一个泡泡，一个会遇见鬼魂的密闭空间。我们在不同的时代和氛围中旅行，仿佛变成了世界的主人。”他的母亲埃迪特（Édith）已经 80 岁了，她就曾经是卢浮宫第一批守卫成员！这样的血脉传承似乎是一种命中注定……我们受到的第一重冲击就相当震撼：这里的声音变了，我们可以听到自己的脚步声！想起白天这里一刻不停的喧嚣，顿时意识到这个细节是多么重要。“自从开始在卢浮宫巡夜，我就再也受不了一丁点儿噪声了。寂静统治着这里的一切，你可以在绝对的安宁下品鉴艺术作品。”奥利维耶·贝朗补充道。这位接待与监管员留着一撮山羊胡，脖子上戴着一串具有民族风情的项链，他描述博物馆建筑细节的本事，堪称天下无双。闲暇时，他喜欢拍照，多年来累积下一大堆取景奇特的照片，还答应拿给我们看。

在手电筒的光束下，卢浮宫忽然变成了一幅巨大的电影布景。科撒巴德庭里那些半人半兽的公牛像看上去更加骇人了；我们隐约能辨认出远处古地亚王子石雕像的轮廓；手电光从下面照上去，萨莫色雷斯岛的胜利女神伸展着她巨大的翅膀，产生了一种夸张的戏剧效果。我们在这里看不到任何人，这让我们的漫步愈发显得有些不真实……即便在平时人山人海的大画廊里，现在也是一幅荒无人烟的景象！我们握着手电，忘情地享受着独自徜徉在意大利文艺复兴巅峰之作中的乐趣。各种各样的面孔不断从黑暗中浮现出来，我们一下子就认出了拉斐尔笔下的《巴尔达萨雷伯爵像》，还有列奥纳多·达·芬奇的《美丽的费隆妮叶夫人》里那张线条柔和的鹅蛋脸。地板咯吱作响，散发着地板蜡的味道。卢浮宫就如同一位老妇人，接受着人们的照顾，由他们精心打扮。

不远处的罗萨厅（Salle Rosa）里，几位摄影师正躲在一扇屏风后拍摄欧仁·德拉克洛瓦的画作《希阿岛的屠杀》；与《米洛的维纳斯》相隔几个展厅的狄安娜厅（Salle de Diane）里，修复师们正在修复天花板。无论白天还是黑夜，卢浮宫都像一片永远忙碌的工地。

茱莉亚·里加德（Julia Rigade），
巡夜组里唯一的女性

“在卢浮宫巡夜绝对是个人选择，我们一共有大约 25 个人，负责守护整个博物馆，另外还有一队消防员。我们的工作从下午 5:45 开始，至次日早上 9:15 结束。我已经在这个岗位上工作 5 年了，拿什么也换不走这份职业。这里的气氛很特别，夜里人与人之间的那种亲密感与白天是完全不同的。”

夜幕下的拿破仑中庭、贝聿铭设计的金字塔及倒金字塔。

与消防员相约在屋顶上！

在卢浮宫的屋顶上眺望巴黎，没有比这更神奇的经历了。屋顶区域并不对公众开放，必须向巴黎消防队第 43 连提出特别申请才行。第 43 连对博物馆里的人员和财产进行 24 小时不间断的安全保护，队长塞巴斯蒂安·S. 手下的大约 50 名队员全部是志愿者。在下士长拉斐尔·O. 和中士罗曼·H. 的陪同下，我们怀着对这一宝贵特权的珍视之情，向着卢浮宫的屋顶进发。

“这是博物馆的最高点，
也是最重要的战略地点。
只有消防员才能为了升国旗来这里。”

拉斐尔·O.

卢浮宫的屋顶可不是轻而易举就能上去的，要费一番功夫呢！我们先走过一片错综复杂的长廊，又穿过了无数道密门，登上无数座楼梯，才最终到达黎塞留馆的屋顶。这里的风景美得令人窒息！一月的巴黎寒冷刺骨，狂风呼啸。那又如何！我们将自己牢牢固定住，面前的景色美极了：一侧是法兰西喜剧院，另一侧是远处的杜乐丽花园和摩天轮。藏匿在屋顶上的一个小型气象站看上去就像玩具一样。

la station météo du Louvre,
toit (aile Richelieu)

卢浮宫气象站，黎塞留馆屋顶

“卢浮宫的屋顶上有两个气象站，不过目前还没有蜜蜂敢在这里筑巢……” 罗曼·H.

我们的目光停留在卡鲁塞尔凯旋门（Arc de Triomphe du Carrousel）[1] 上，门上的战车在阳光下显得金光熠熠。这座精致的小型建筑由夏尔·佩西耶和皮埃尔·方丹在 1806—1808 年建成，灵感来自罗马的塞维鲁凯旋门（Arc de Septime Sévère）。我们难以抑制爬上去的欲望，于是在走过一道密门和一段狭窄的旋梯，颇费了一番力气后，来到了小凯旋门的上部。然而，站在这些雕塑旁边的感觉却有些尴尬：几百米外成纵队前行的再也不是拿破仑的军队，而是拿着手机和相机、乘坐大巴而来的首批游客。时代不同啦，风俗也变了……

1　又称小凯旋门，位于杜乐丽花园门口，卢浮宫博物馆对面。

“卢浮宫的屋顶在很长一段时间里
都是巴黎的最高点，是城市的标志。
没有什么能比国王或者上帝的地位更高。”

苏菲·皮科-博基永（Sophie Picot-Bocquillon），历史学家

vue d'en haut, la statue de l'arc de triomphe
est disproportionnée

从上面看去，小凯旋门上的雕像大得惊人。

卡鲁塞尔凯旋门上的战车仿自1815
年运回威尼斯的《圣马可的战马》
（*Chevaux de Saint-Marc*）。

“如果上帝真的存在的话，我敢肯定他在卢浮宫博物馆里没少花时间。”（小说家、插画家尤安·史法语）只有上帝有闲情逸致欣赏屋顶上的雕塑。

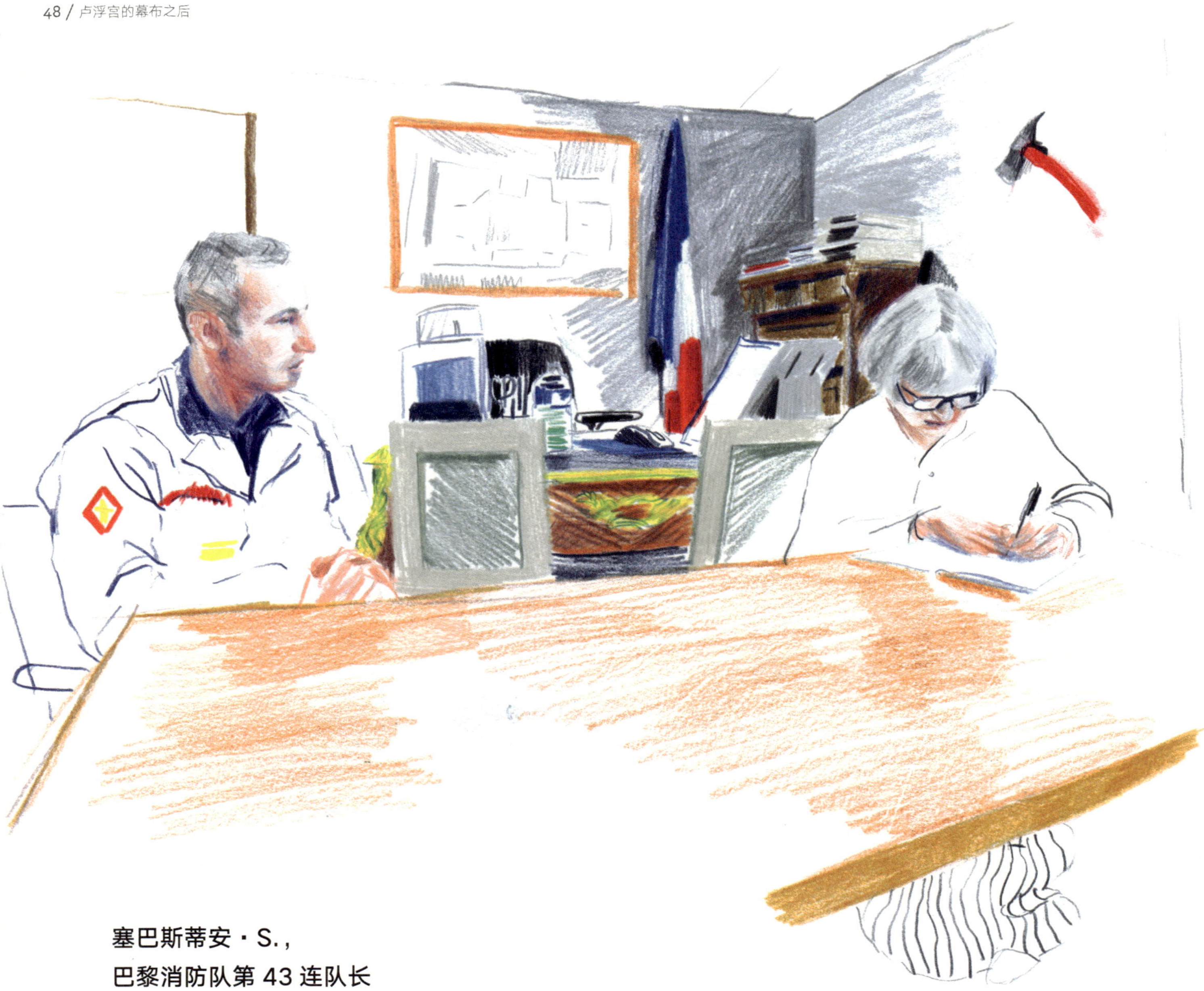

塞巴斯蒂安·S.，
巴黎消防队第 43 连队长

“能在这里工作，意义重大。我们全情投入，并逐渐意识到博物馆的藏品是何等丰富。除了绘画之外，我们还能欣赏到四千多年前的古董和 18 世纪的家具。直到今天，我在博物馆里巡逻的时候，只要情况允许，我还会停下来欣赏一件作品。等我在第 43 连的五年服役期结束时，我也就要离开卢浮宫了。最令我难忘的记忆之一发生在 2016 年 6 月，当时面对塞纳河上涨的威胁，我们要在 48 小时内撤走 34649 件艺术品。作为消防员，我们的首要任务肯定是救人，但保护艺术品也是我们的职责。与博物馆负责人和全体工作人员通力合作是一件很特别的事情，那是我们自第二次世界大战以来第一次搬运数量如此庞大的艺术品。就在 2016 年 6 月 6 日那一天，卢浮宫前面紧邻弗朗索瓦 - 密特朗码头街（quai François-Mitterand）的位置起火，正上方就是大画廊，里面保存着很多艺术品。我本来是个很冷静的人，可不得不承认的是，我那天着实担心了一阵子……”

“我很快就要离开卢浮宫博物馆了。在这里工作的时光令我感到无比自豪。” 塞巴斯蒂安·S.

克洛德·勒韦克（Claude Lévêque），《在世界上最大的马戏团帐篷之下/卢浮宫金字塔》。左侧为莫里恩殿和上面的“钟形楼”。

卢浮宫的“钟形楼”：存在于时间之外的地方

卢浮宫有时就像一栋古老的家宅，里面有咯吱作响的楼梯，还有布满灰尘的顶楼。很难想象，在代表着卢浮宫的各个殿宇上方，竟然还有一些无法进入同时又充满诗意的地方，那就是艺术史学家所称的“钟形楼”。这样的地方有九处，一个比一个令人称奇。

杜尔哥（Turgot）钟形楼位于拿破仑三世套房正上方，看上去像是一座废弃的阁楼。然而，这座钟形楼在完工之初，可称得上那个年代最时髦的象征呢！由拿破仑三世时期的卢浮宫建筑师埃克托尔·勒菲埃尔设计的金属构架就是最好的证明。颇具讽刺意味的是，2016 年 6 月实施洪水风险预案期间，这座楼被用来存放艺术作品。还有一件事令接待与监管员津津乐道，那就是 2000 年苏菲·玛索（Sophie Marceau）主演由让-保罗·萨洛梅（Jean-Paul Salomé）执导的《卢浮魅影》（*Belphégor, le fantôme du Louvre*）时，这座楼还充当了她的临时化妆室……

勒菲埃尔钟形楼同样令人惊叹，里面有一幅第一次世界大战期间由博物馆工作人员绘制的乔治·克列孟梭（Georges Clemenceau）[1] 的漫画肖像，两侧仍然码放着国庆日游行时曾使用过的旧旗杆。不过，卢浮宫最美的钟形楼之一——不得不说这是我们的最爱——无疑是德农馆里的莫里恩钟形楼，就在监控室几百米外的地方。在卢浮宫历史部负责人内吉讷·马蒂厄（Néguine Mathieux）和历史学家兼资料员苏菲·皮科-博基永的陪同下，我们忽然闯进了这样一种环境：它仿佛凝固在时间里，同时又颇具彼得·布鲁克（Peter Brook）[2] 风格。地面上摆放着圆形浮雕和巨大的石膏装饰物，斑驳的墙面极容易让人联想到德国艺术家安塞姆·基弗（Anselm Kiefer）的创作风格。

1　法兰西第三共和国（1870—1940 年）总理。
2　英国戏剧导演，注重舞台空间在戏剧创作中的地位。
3　乔凡尼·巴蒂斯塔·皮拉内西（Giovanni Battista Piranesi），18 世纪意大利雕塑家和建筑师。

莫里恩钟形楼一隅，很可能曾经启发过皮拉内西[3]……

“拿破仑三世时期的卢浮宫堪称一台奇特的雕塑制造机。
我们现在就身处这座工厂里一间巨大无比的雕塑陈列室。
从皇室艺术家到身份卑微的包工工人，
已知在这座大工厂里工作过的就有 250—300 人。”

苏菲・皮科 - 博基永

苏菲·皮科 - 博基永的博士论文是关于皇家雕塑师弗朗西斯科·杜莱（Francisque Duret）的，博学的她告诉我们：“拿破仑三世修建卢浮宫时，共有 350 多位艺术家和工匠曾在这里工作过：雕塑师、装饰艺术家、石匠、细木工、室内装饰师、拉毛粉饰工等等。想象一下，这个地方虽已废弃，但当年可是一片繁忙的景象，相当于卢浮宫的‘巴诗威’[1]。这里曾用来存放大型天花板装饰物的模型。不过当年的工作环境还是相当艰苦的，而且违反规定的工人会受到重罚。三年时间里至少有 25 人在工地上丧生。”

莫里恩钟形楼跳脱于时间之外，也逃过了博物馆的改造，更显动人。墙上的粗糙雕刻、裸露在外的屋架结构和时间凿刻的累累伤痕，使这座钟形楼得以重现卢浮宫历史记忆的一个片段：“一座本应如此却终未能如此的卢浮宫。”——这是苏菲·皮科 - 博基永的独到评价。我们开始幻想邀请一位艺术家或者布景师来重现这个地方的魅力，因为它比任何长篇大论都更能折射出，卢浮宫是个其实从未竣工的大工地……

1　巴诗威（BHV）为老佛爷集团旗下的百货公司，很受巴黎人欢迎。

卢浮宫深处：
层层历史

我们恋恋不舍地离开屋顶和“钟形楼”，来到卢浮宫的最深处。离配送区不远，是一片叫作“帕利希窑藏品区”（Réserve du four Palissy）的地方。这里的氛围有些不同，因为大卢浮宫发掘期间出土的文物都是在这里储存、分拣和除尘的。也就是说，这里就是进行预防性保护的巨型工作现场，古代的日常生活将在卢浮宫的隐蔽角落得以重现……

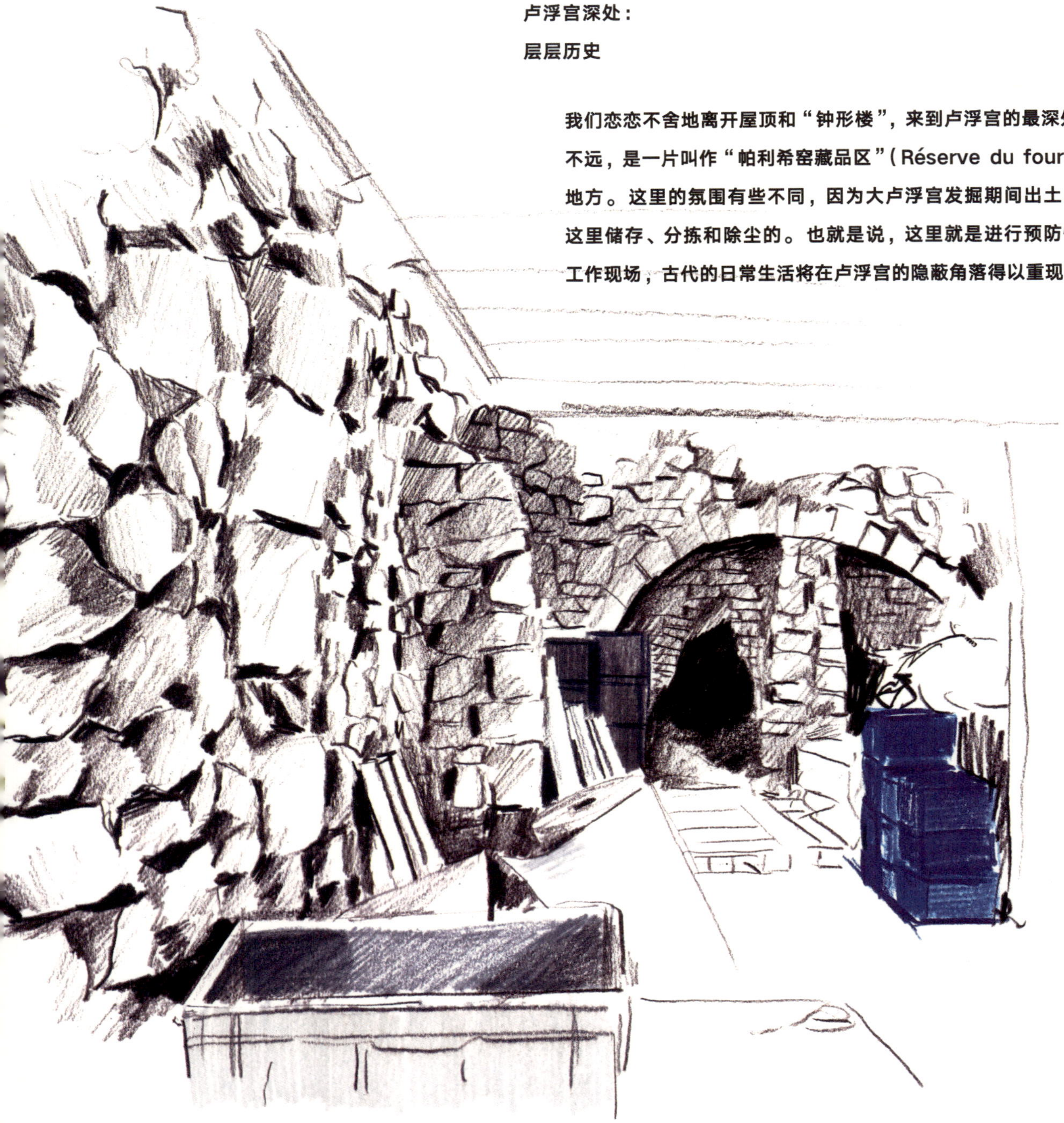

le four Palissy
帕利希窑

“这些箱子已经三十多年没人碰过了。”内吉讷·马蒂厄说。他负责监督一项奇怪的“考古”工作，而“考古”的对象是一些乍看并没有什么研究价值的发掘材料：这里没有大理石维纳斯雕像，更没有大师的画作，只有碎玻璃、碎瓦片，以及用在屋顶和屋架上已经生锈的钉子残骸……内吉讷·马蒂厄和他的团队有一个庞大的计划，那就是精确地复原13—18世纪生活在卢浮宫里面或者附近的居民的物质和社会环境。修复师身着白色防尘工作服，戴着口罩，只要是能够反映卢浮宫某一段秘史的文物，他们都会小心翼翼地清理。1983—1985年，针对卡鲁塞尔庭（Cour du Carrousel）和拿破仑中庭（Cour Napoléon）的发掘工作有了重大发现（如被认定为属于查理六世的头盔），与此同时，一些很不起眼的物品也得以重见天日：几百只陶土制灯具和烟斗、口簧琴、服装和鞋靴碎片，甚至还有卷假发用的发夹！

不过，最震撼的发现无疑还是 16 世纪的陶艺家和科学家贝尔纳・帕利希（Bernard Palissy）的工坊，他当年使用的是一名瓦工的瓦窑。它不但见证了这位著名艺术家的事业，也展现了卢浮宫的一段秘密记忆。“瓦窑被重新启用后，在很长一段时间里既用于烧陶，也用于储藏物品。它也见证了卢浮宫里工匠们夜以继日的劳作。”内吉讷・马蒂厄介绍说。钟表馆里极富教育意义的展厅就是由他设计的。不远处还有一些盛放玻璃和瓶子碎片的箱子，这些碎片都是在卢浮宫主塔的壕沟和附近别致的私人府邸的厕所里发现的。无论是装软膏用的小瓶子，还是餐具的碎片，在考古工作中，就算是再普通的一片残骸也可能反映出它们自身的用途和当时人们生活的一部分。“这些历史证据很快要上传到‘博物馆 +’（MuseumPlus）数据库中，到时候，锈蚀的钉子将和米开朗基罗的雕塑或者提香的画作共处一室，不分伯仲。”内吉讷・马蒂厄带着他的小幽默说。

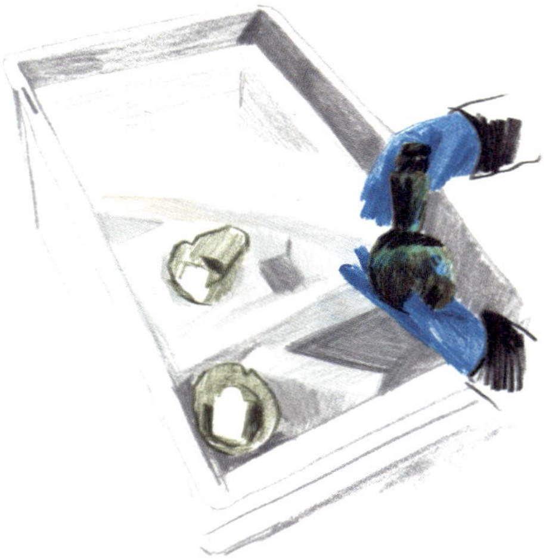

考古学家与一件卢浮宫建筑残骸的动人邂逅

“最令我感动的是，在卢浮宫随着玻璃金字塔的落成而走入现代化的那一刻，它最隐秘的痕迹，以及曾徜徉和生活于此的人们的记忆，也突然得以重现。不管这些物品有多么平庸和易碎，它们总能帮助我们呈现卢浮宫的历史，并且远比一般的档案生动得多。” 内吉讷・马蒂厄

卢浮宫里的阶梯：全职演员！

威严或神秘，高贵或隐蔽，卢浮宫里的阶梯千千万万，无论是参观者还是博物馆的工作人员都会被它们折腾得精疲力竭。它们当中最著名的无疑要属达鲁楼梯（Escalier Daru）。从 1883 年起，雕塑《萨莫色雷斯岛的胜利女神》便伫立在这座楼梯的顶端。达鲁楼梯由埃克托尔·勒菲埃尔在 1855—1857 年建造，但直到第三共和国时期才完工，此后便成为博物馆最热闹的地方之一，因为总有大批游客前来欣赏胜利女神像——这尊古希腊雕塑杰作早已同《蒙娜丽莎》一样跻身博物馆明星藏品之列了。在这里，人们总会不由得想起，由斯坦利·多南（Stanley Donen）执导的影片《甜姐儿》（*Funny Face*）中美丽动人的奥黛丽·赫本走下阶梯时的样子。

不过，最古老但也保存最完好的阶梯，还要属叙利馆内的“亨利二世楼梯”（Escalier Henri II）。它由弗朗索瓦一世及其后代的御用建筑师皮埃尔·莱斯科（Pierre Lescot）于 1553 年建造，优雅至极，阶梯上方拱顶的藻井饰有狩猎元素和山林女神狄安娜的面庞。可惜的是，极少有参观者注意到这些不可思议的装饰。在卢浮宫里，一定要大胆地仰起头来欣赏头顶的天花板哪！

“莫里恩阶梯”（Escalier Mollien）大概是最具戏剧效果的阶梯之一了，它展现了拿破仑三世时期特有的风格。楼梯由两翼组成，任谁看到它都会想起夏尔·加尼叶（Charles Garnier）为巴黎歌剧院建造的阶梯。想要站在一楼的走廊里居高临下地欣赏参观者们脸上如同赶赴舞会般既激动又迫不及待的表情，这里便是最佳地点。把本韦努托·切利尼的《枫丹白露的狄安娜》原始浮雕放在这座楼梯的平台上，还真是个不错的主意，正好为阶梯夸张的装饰点缀上一丝阴柔之美。

这座小盘梯位于拿破仑三世套房内，并不对公众开放，引起了我们无限的遐想……

由美籍华裔建筑师贝聿铭在 20 世纪设计的机械梯同样宏伟大气。无论是为了凸显玻璃金字塔下的大厅，还是为了连接博物馆内的各个展馆，同时精心呈现观赏庭院的最佳角度，这些机械梯都是技术壮举，也体现出建筑师大胆的艺术手法。

不过，我们最偏爱的显然还是参观者的脚步或者那些随意的目光无法抵达的阶梯。只有博物馆的工作人员才能进入勒菲埃尔中庭内气势恢宏的马用铁质阶梯。拿破仑三世时期，马匹就是通过这座楼梯进入驯马厅（Salle du Manège）的，这一建筑奇迹如今绝对值得好好修缮一番。至于那些大大小小、数也数不清的便梯，它们才是博物馆的秘密要道和血脉，虽窄如羊肠，却是外部与内部、台前与幕后互通的必经之路。墙上的粗糙雕刻和图画也需细细品味，你会发现，它们同样是幻想和创造力的非凡源泉。

莫里恩阶梯和本韦努托·切利尼的《枫丹白露的狄安娜》

在卢浮宫里，平庸与宏伟共生并存。地下的电缆相互交错，谁也不愿在这座迷宫里失去方向；玻璃天棚和屋顶下也蜿蜒着长达数公里的管道，卢浮宫仿佛成了吞下约拿的鲸鱼[1]……

1　约拿为《圣经》里的一位先知，他乘坐的渔船在海上突遇风暴，为使船上的渔民能够生还，他主动要求渔民将他抛入海中。随后，他被鲸鱼吞入，在其腹中停留三天三夜后又被鲸鱼吐到岸上。

Accès aux toits par la réserve des objets d'art

从艺术品存放室登上屋顶的通道

derrière les murs de la Grande Galerie

大画廊的墙壁后面

sous la verrière

玻璃天棚下面

内部通道（VDI）：卢浮宫的脐带

这条神秘的内部通道位于地下二层，连接卢浮宫的所有展馆，为配送专用通道，通往停车场的装卸区。维多琳·马贾尼·丹甘贝尔（Victorine Majani d'Inguimbert）负责监督“瑞典人在巴黎：18世纪收藏家特辛藏品展”的相关拆卸工作，在她的陪同下，我们进入了这个处于特殊监控下的区域。内部通道长1.5公里，具有相当重要的战略地位：所有藏品运输员都要通过这条路小心翼翼地运送密封的藏品箱。如果没有墙上大写的指示标（“黎塞留馆”“德农馆”……），你不可能知道自己在这座地下停车场一样的迷宫中的具体位置。不时有奇特的白色电动小车在这里往来穿梭，这种三轮小车的名字相当富有诗意——“云雀”。一定要多加小心，因为有些人的车速可不慢。维多琳带领我们来到一间由一扇厚重的安全门把守的藏品室：即将参展和展览结束后送回的展品都存放在这座巨大的仓库里，并处于严密监控之下。当然，我们是不会把仓库的密码泄露出去的。

MC MOLLIEN
MC FLORE
MC LABORATOIRE
RICH
ACCES POM
PASSAGE

看得见和看不见的宝藏：走近卢浮宫的展品

卢浮宫博物馆共有 568198 件藏品，展出的只有 38000 件。这个数字让人浮想联翩，不少人都想象卢浮宫里保存着大量常人无法触及的大师之作。卢浮宫的藏品室可不是什么“阿里巴巴的宝藏”或者珍奇室，而是保存和研究藏品的地方。它们为藏品保管员提供了研究作品实物的绝好机会。这里的工作十分繁忙：除尘、修复、装箱、拍照，还要将用于展览或移送至加来海峡省（Pas-de-Calais）列埃文市（Liévin）的卢浮宫藏品保存中心的藏品打包。

保护藏品免受百年一遇的塞纳河泛滥威胁，创造处于研究领域前沿的空间，让所有科研人员都能接触到藏品，这就是卢浮宫博物馆馆长让 - 吕克・马丁内兹的宏伟计划。卢浮宫博物馆还有一些藏品需要保护，需要照料，需要人们像对待婴儿和康复期的病人一样去呵护。于是，就有了这样一群工作人员。他们在参观者看不到的地方精心照看着博物馆的藏品。

“我早就想向你们介绍这个系列的文物，
它们展现了一个伟大民族的祭祀、信仰和公共及私人生活。”

让-弗朗索瓦·商博良，埃及文物部首任主任，1827 年

埃及文物部：从商博良到大卢浮宫

如果要选出博物馆最受欢迎的部门，那非埃及文物部莫属。它的历史离不开部门首任主任的光环。他就是大名鼎鼎的古埃及象形文字破解者让 - 弗朗索瓦·商博良（Jean François Champollion）。

埃及文物部成立于查理十世时期的 1827 年 12 月 15 日，保存着欧洲最重要的藏品系列之一，也是整座博物馆里最富有诗意的地方之一：埃及风格的天花板颇有历史大片的味道，仿造大理石和灰色装饰画也显得“古香古色”。埃及文物部保存着博物馆里最受参观者青睐的名作，包括著名的古王国时期雕塑《盘腿而坐的书吏》。1997 年，这里进行了重新布置，并采用了全新的展示技术。一层的展厅陈列着体积庞大的文物，展现法老时期文明的主要风貌（文字、神祇、庙宇、墓穴等）；二层的展品则按照年代和美学分类布置。漫步在这些石棺和画着眼影的雕塑之间，尤其能重新找回你人生中第一次进入博物馆时的那种感觉。很多考古学家都会告诉你：埃及文物部曾经激起了不少人的使命感呢！

Christophe Barbotin,
conservateur au département des Antiquités égyptiennes,
éminent spécialiste des hiéroglyphes

克里斯多夫·巴博坦（Christophe Barbotin），埃及文物部主任，杰出的古埃及象形文字专家

同“盘腿而坐的书吏”一样，贝斯特女神（Bastet）的猫形雕塑也广受喜爱。

古埃及学专家三人组

4月12日星期二一早，我们如约见到了埃及文物部首席保管员埃莱娜·吉夏尔（Hélène Guichard）和博物馆文献研究专员帕特里西娅·里戈（Patricia Rigault）。二人十分相熟，因为她们会定期一同参加埃及的考古发掘工作。我们随后又见到了第三位古埃及学专家维多利亚·阿桑西·阿摩罗斯（Victoria Asensi Amoros），她是木制品研究和修复专家。我们怀着一种特别的心情进入了这个被精心保护起来的地方：它是埃及文物部的六个藏品室之一。

Hélène Guichard, Victoria Asensi Amoros et Patricia Rigault

埃莱娜·吉夏尔、维多利亚·阿桑西·阿摩罗斯和帕特里西娅·里戈

Entrée des réserves égyptiennes
埃及藏品室入口

深入藏品室

“埃及文物部有 65000 件藏品，其中只有 10% 对外展出。现在你们知道里面藏品规模有多大了吧！数字倒是不小，不过不要以为它们都是名作，比如有些抽屉里保存的就是几百只小小的护身符。”这是埃莱娜・吉夏尔的开场白。尽管如此，走进藏品室始终是一件有着特殊意义的事情，毕竟只有研究藏品的保管员和研究员才能进入这里。“对我来说，这是工作中最美妙的时刻。”埃莱娜・吉夏尔一边说，一边走向一口放在简易支架上的木制棺材。棺材彩绘层上的易碎部位贴着一些小绷带，这让它看上去更像一个“重病号儿”。“我们感觉自己就像是在陪伴这些作品，甚至完全忘记它们只是墓葬用品，并不是人。我们还给它们起了名字。”吉夏尔轻声说道。不过，这项修复工作的科技含量相当高：它是在一项结合了类型学和化验分析的跨学科计划框架下开展的。吉夏尔兴奋地告诉我们：“在梵蒂冈博物馆的支持下，包括卢浮宫在内的多家欧洲博物馆开始根据相同的检查、成相和分析方案对各自的‘黄色’棺材开展研究工作。这项计划就是规模庞大的‘梵蒂冈棺材计划’，项目结束后将发布一份目录，展示所有研究结果。”

时值 4 月中旬，修复工作刚刚开始，我们的古埃及学专家们已经发现了一些“惊喜”：棺材盖下面钉着的显然是另外一口棺材的底板！“从这件文物的品相来看，它大概永远也不会展出了，不过，通过它来研究墓葬活动和制造技术的话，可能会很有意义。”埃莱娜·吉夏尔说。通过分辨木头的品种、染料的性质以及各种组装和装饰方式，古埃及学专家们得以重现工坊的工作痕迹，兴许还能辨认出一些风格鲜明的“大师之作”呢！

研究这些棺材和里面的木乃伊也提供了一个宝贵的机会，让我们得以透视特定时期的某些社会团体。所有死者都曾是卡纳克神庙的神职人员，生活在埃及第二十二王朝时期，也就是大约公元前 1000 年。这些木制棺材十分精美，让我们不禁猜测，他们当年应该财力丰厚。

“这口棺材的棺身自从 19 世纪末出土后
就一直保存在卢浮宫，
棺盖则在 20 世纪初安置在了里昂艺术馆。
艺术品的命运有时也是很神奇的……”
埃莱娜·吉夏尔

一口“仙人式”墓葬棺材的棺盖，德拉阿布埃尔纳加山（Dra Aboul Naga）附近的底比斯人（？）墓地，公元前1650—1550年（局部）

在"黄色"棺材上提取木材样本

几米开外，帕特里西娅·里戈专注地看着维多利亚·阿桑西·阿摩罗斯对一口棺材的棺身进行微痕提取，不时做着笔记，而棺盖就放在不远处。化身为木刻师傅的她毫不掩饰自己的得意：她能够通过对木钉、榫舌、棺材头部和底部等关键部位的探测来让这些物件开口说话。"收集完提取物，我把它们晾干，然后放在两片载玻片之间，再用实验室的显微镜观察研究。这些提取物的损坏程度越高，我越高兴，因为这样一来我就能轻松地深入观察裂缝深处。"维多利亚兴奋地向我们讲解。经过初步分析，有一点是肯定的：同一口棺材可能使用了多个品种的木材。"除了美观和结实程度以外，对古埃及人来说，棺材所使用的材料还具有宗教和象征意义。最受青睐的木材之一是埃及无花果木，因为它是富裕之神哈托尔的象征。我们经常可以在埃及第二十二王朝时期的棺材上见到这种木材。棺材的底板使用的是刺槐木，木钉使用柽柳木或者枣木。"维多利亚继续说道。埃莱娜·吉夏尔则补充说："雪松木是高级定制专用木材。如果客人的财力不够，埃及工匠还能逼真地模仿出雪松木的纹理。"

"我非常痴迷于研究物品本身，它能够反映出人的内心世界。但是如果古埃及专家一直待在自己的领域内，那么他相当于失去了研究的工具。为了让木乃伊开口说话，专家必须要依靠其他学科，比如树木构造学、考古植物学、考古动物学和人类学。"

埃莱娜·吉夏尔

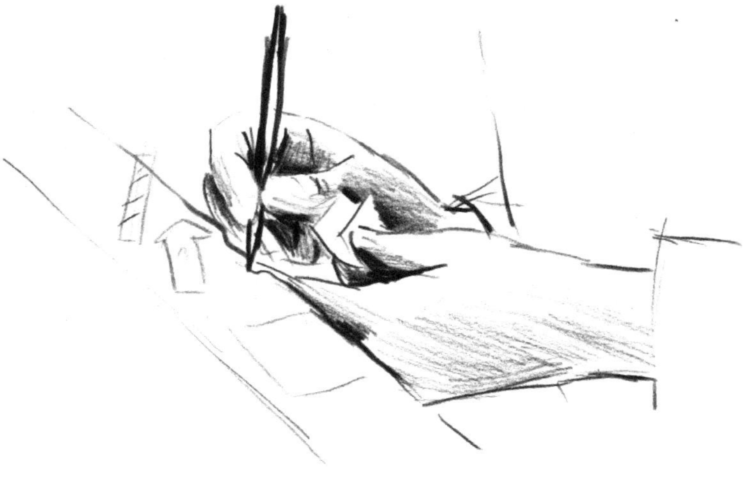

由埃及文物部进行全面“听诊”的
若干“黄色”棺材之一

“最令人吃惊的是，古埃及人有时会使用被白蚁蛀过的木材制作棺材。你看这些虫蛀的小洞，它们已经有三千多年的历史了。” 达尼埃尔·伊布莱，文物修复师

法国博物馆研究与修复中心的文物修复师大讨论

三位古埃及专家向我们详细讲述了关于这些“黄色棺材”（因其漂亮的涂釉装饰而被考古学家赋予了这个名字）的一切，我们听了几个小时，随后赶赴位于花廊（Pavillon de Flore）的法国博物馆研究与修复中心（C2RMF），与负责修复这些古老碎片的修复师见面。在负责化验室沟通工作的苏菲·勒菲弗（Sophie Lefèvre）亲切的注视下，修复师团队围在一块分成几片板子的木牌四周，交换着看法。大家普遍认可的原则是，以最小程度的可逆操作来提高木牌上文字的可辨识程度。作为结构专家，达尼埃尔·伊布莱（Daniel Ibled）会谨慎地检查木材的全部破损情况；桑德里娜·帕热斯（Sandrine Pagès）将对彩色装饰的状况进行分析；年轻的装饰师露西尔·布吕内尔（Lucile Brunel）则将尝试重现古埃及人的上色工艺。大家都梦想着依靠最尖端科技的魔力来揭示三千多年前无名艺术家们所使用的技法……

Sophie Lefèvre

苏菲·勒菲弗

东方文物部：
随考古活动而成长

东方文物部的历史与法国人在近东和中东的考古发现有着密切的联系。探索圣地，寻找《圣经》中出现过的民族的痕迹，这便是 19 世纪首批考古学家的愿望。当时的法国驻摩苏尔（今伊拉克境内）领事保罗 - 埃米尔 · 博塔（Paul-Émile Botta）就重现了亚述文明：他在 1843—1845 年发掘了位于科撒巴德的萨尔贡二世王宫，宫门由人面牛身双翼兽把守。在黎塞留馆的东方藏品经过重新布置后，这些面相和善的神兽华丽亮相，从此成为被拍摄次数最多的展品之一。

东方文物部的另一位“明星”是拉格什王子古地亚，他的石像由埃内斯特 · 德萨尔杰克（Ernest de Sarzec）于 1881 年在美索不达米亚南部的特罗（Tello）遗址发现，深深地吸引着今天的参观者。雕塑家阿尔贝托 · 贾科梅蒂（Alberto Giacometti）是卢浮宫的忠实“粉丝”，他曾经完美地描绘了这些早就具有“立体派”特征的雕塑……

根据“大卢浮宫计划”复建的科撒巴德王宫气势恢宏的入口，由人面牛身双翼兽把守。

Gudea, prince de Lagash
vers 2120 avant J.-C.

拉格什王子古地亚，公元前 2120 年

科撒巴德庭：征服狮子的英雄和人面牛身双翼兽

la "Frise des archers" de Darius

大流士大帝的“弓箭手檐壁”

statue de lion (cuivre)
début du IIᵉ millénaire avant J.-C.

狮子雕像（铜像）

公元前 2000 年初期

princesses de Bactriane
2300-1800 avant J.-C.

大夏公主，公元前 2300—1800 年

伊朗的考古功勋人物是马塞尔·迪厄拉富瓦（Marcel Dieulafcy）。在勇敢的妻子珍妮（Jane）的陪伴下，这位法国工程师兼考古学家在 1885—1886 年发掘出了苏萨城和城内的王宫。大流士大帝的“弓箭手檐壁”就是他最神奇的考古发现之一，檐壁的色彩保存得相当完好。不过，说到东方文物部的历史，不得不提的一个名字还是安德烈·帕罗（André Parrot），他在 1933 年发现了马瑞古城（今叙利亚境内）。不久后，以天青石为眼、由大理石雕刻而成的埃比 - 伊尔（Ebih-Il）总督雕像便面带优雅的微笑迎接卢浮宫的参观者了。

叙利馆内来自苏萨城大流士大帝王宫的装饰物，其中就包括“弓箭手檐壁”的壁板。

les réserves du département des Antiquités orientales

东方文物部的藏品室

藏品处理区

2017年4月17日星期一，我们与樊尚·布朗夏尔（Vincent Blanchard）相约在离方形中庭不远的东方文物部“地下藏品室”。这位年轻的土耳其藏品保管员带领我们走到了一片墓碑中间。这些墓碑盖着透明塑料布，上面篆刻着各种碑铭。这里的团队正在认真地对藏品进行处理，以便将它们转运至列埃文市的藏品室。

与艺术品朝夕相处

“东方文物部共有150000件藏品，有些藏品体积巨大，比如科撒巴德的人面牛身双翼兽；还有一些十分小巧的藏品，就像这些公元前1900年的土耳其碎瓷片和兽头酒杯残片。它们虽然看上去不起眼，但在考古学家眼中同样弥足珍贵，因为它们可以反映出宗教信徒当年在祭祀雕像前举行的浇祭仪式。”樊尚·布朗夏尔一边向我们解释，一边小心翼翼地拉开了藏品室里一个“碎片收藏柜”的抽屉。这些微小的碎片在抽屉的保护下避开了灰尘和光照这两大敌人，当它们跃入眼帘时，着实令人惊叹。我们一会儿辨认出一个羊头，一会儿又看出了猎豹、马、狮子……当时的人们利用泥土塑造的动物形象显示出他们非凡的观察力。这些动物的鼻孔仿佛在微微颤动，瞳孔慢慢扩张，有时甚至还能看出皮毛上的斑纹和眼睛的轮廓。

“部分藏品将会寄存在斯特拉斯堡大学，供我考古系的学生使用。”樊尚·布朗夏尔一边兴高采烈地说着，一边自豪地向我们展示这些迷你“雕刻品”。公元前2500年青铜时代的“大眼神像”同样震撼：它们往往有一颗或两颗头，用古怪的大圆眼珠瞪着我们，散发出某种奇怪的“现代气息”。不远处，影厅水准的放映机下摆放着其他准备拍照以录入博物馆数据库的藏品。“这就是一片巨大的工地，各个团队在这里协同合作，对每件藏品进行除尘、分析和拍照，然后重新包装起来。”深知这项工作规模的樊尚为我们介绍道。一排排古王国“幸运阿拉伯”[1]的铭文石刻按照尺寸大小整齐地依墙摆放，对它们的研究也正在进行，日后将发布一份名录。这些地下研究工作就这样遵循着它们自己的节奏……

樊尚·布朗夏尔，东方文物部保管员

二层的玻璃橱窗内展示着数百张大理石面孔，个个都十分精美。东方文物部艺术品管理负责人若尔热·瓦斯凯（Jorge Vasquez）准备启动藏品处理工作的下一步：对金属制品的细致研究。看他小心地搬运“开刃”斧头的样子，可以想见，陪伴这些有数千年历史的文物需要多么严谨、耐心和谦逊的态度。

1　古希腊人和古罗马人对当时南阿拉伯（今也门）的称呼。

若尔热・瓦斯凯

“我最初是学古文物修复的，因此有幸参加了中亚、中国、蒙古、叙利亚、塔吉克斯坦等地区和国家的发掘工作。所以，我能成为一名文物管理员，多少有运气的成分——这个职业的历史其实只有 15 年左右。作为管理员，就意味着要保障文物的完好。我的职责是：在需要把雕像从橱窗里取出来修复或展览的时候，确保文物的顺利运输。由于藏品室要迁至列埃文市，我们得用科学的方法将所有文物重新包装，这也让我们有机会见识到全部藏品。”

若尔热・瓦斯凯

fragments de rhytons

兽头酒杯的残片

埃比－伊尔归来

2017 年 4 月 11 日星期一上午 9 点 15 分，我们又在黎塞留馆与樊尚・布朗夏尔和若尔热・瓦斯凯会合，见证埃比－伊尔总督的小雕像回归它的橱窗。现场安静，略有些庄严之感，因为搬动这件珍贵又易碎的文物必须万分小心……

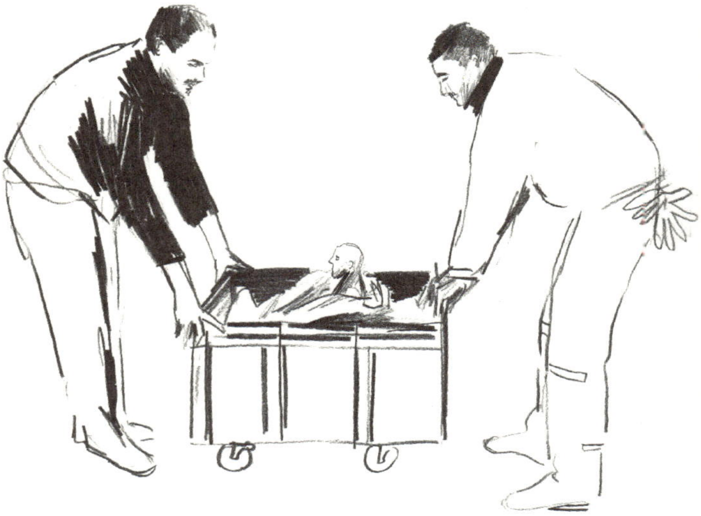

一场沉默的舞蹈

一支带有超现实主义味道的护卫队突然进入黎塞留馆的东方展厅。埃比－伊尔总督的小雕像被装在一只像小推车一样的带轮木条箱中，包裹得严严实实，吸引了所有人的目光。在保管员和管理员的严密注视下，安装师随时准备打开已经空置了数月的展示橱窗。埃比－伊尔雕像此前经历了大规模修复，在 2016 年 11 月 2 日至 2017 年 1 月 30 日卢浮宫朗斯分馆举行的“历史始于美索不达米亚”展览上，它更是成了明星。在这次漫长的“旅行”结束后，这尊小雕像终于要重新回到它安保级别甚高的保护罩里了。

雕像转运的前一天，安装师反复练习如何在不会发生磕碰的前提下搬动这尊娇贵的大理石雕像。若尔热·瓦斯凯提醒他的团队："绝对不能碰到文物的脆弱部位。我们知道雕像的双臂和头部经过了重新胶合，眼珠也是用沥青镶嵌进去的，所以一定要避免发生碰撞或者震动。"在安静和高度集中的注意力下，时间仿佛停滞了。安装师们戴着白色的手套，好像通过一场沉默的舞蹈来完成某种仪式。几分钟过去了……埃比－伊尔完好无损地回到原位，整个团队终于松了一口气！

"我刚来到卢浮宫时，最吃惊于藏品的种类之多，质量之佳。埃比－伊尔雕像这样的杰作令人肃然起敬。" 若尔热·瓦斯凯

古希腊、伊特鲁里亚和古罗马文物部：品味的历史

这绝对是卢浮宫里最受青睐的部门之一：每天都有大批参观者涌入这里的各个展厅，欣赏已经成为全民偶像的《萨莫色雷斯岛的胜利女神》和《米洛的维纳斯》。古希腊、伊特鲁里亚和古罗马文物部曾被称为“文物博物馆”，自中央艺术博物馆诞生之日（1793 年）起便开始筹备，直到 1800 年才对外开放。除了皇家文物藏品外，革命时期收缴的藏品和拿破仑在意大利获得的战利品也极大地丰富了当年的古希腊 - 古罗马艺术品博物馆。1807 年，拿破仑买下博尔盖塞系列藏品，卢浮宫也因此得以跻身一流文物博物馆之列。

除了这种成果丰厚的收购手段（1861 年，坎帕纳藏品系列又为博物馆增添了 3500 件古希腊器皿）外，大量的考古发掘工作和外界的捐赠也进一步丰富了这个部门的藏品。查理十世统治时期，刚刚成立不久的希腊共和国向法国赠送了奥林匹亚宙斯神庙的排档间饰残片；艾德蒙·鲍狄埃（Edmond Pottier）和萨洛蒙·雷纳克（Salomon Reinach）在小亚细亚的米里娜城（Myrina）发掘出约 1700 座陶土雕塑，又为博物馆藏品锦上添花；查尔斯·尚帕佐在 1863 年发现的《萨莫色雷斯岛的胜利女神》雕像于 1884 年被放置在达鲁楼梯顶端，舞台感极强。

实施“大卢浮宫计划”期间，古希腊、伊特鲁里亚和古罗马文物部致力于全面调整馆藏思路，新建了古希腊长廊（Galerie de la Grèce préclassique），并重新布置了坎帕纳长廊（Galerie Campana）、青铜艺术品展厅以及陶土雕像和浮雕展厅。未来计划中的一个重头戏便是全面改造展示古罗马、意大利和伊特鲁里亚艺术的几个展厅。

卢浮宫的《受伤的高卢人》是古罗马时代对古希腊原作的仿制品，与格拉内博物馆的《被征服的波斯人》相映成趣。位于普罗旺斯地区艾克斯市的格拉内博物馆慷慨地将这尊雕像寄存在卢浮宫里，限期展出五年。卢多维克·洛吉耶（Ludovic Laugier）很高兴能够将这两尊雕像放在一起，用他的话说，二者的对比体现出了“面对绝望之境的狂怒”。

古希腊、伊特鲁里亚和古罗马
文物部藏品室一览

德农馆一层的斯芬克斯厅（Cour du Sphinx）和厅内位于梅安徒河畔的马格尼西亚的阿耳忒弥斯·琉科弗瑞恩神殿（Temple d' Artémis Leucophryène）檐壁残片

Ludovic Laugier
卢多维克·洛吉耶

卢多维克·洛吉耶，古希腊雕塑与雕塑馆保管员

一身纨绔子弟的打扮，狮毛般蓬松的头发，卢多维克·洛吉耶可谓是古希腊、伊特鲁里亚和古罗马文物部的大明星了。这位年轻的保管员备受卢浮宫学院学生的仰慕，还曾经与让-吕克·马丁内兹和玛丽安娜·阿米奥（Marianne Hamiaux）一同监督《萨莫色雷斯岛的胜利女神》的修复工作，这对他来说是一段特别动人的回忆。洛吉耶是古希腊雕塑研究专家阿兰·帕基耶（Alain Pasquier）的学生，帕基耶曾在1999—2007年担任古希腊、伊特鲁里亚和古罗马文物部的主任。在摆放着等待修复和拍照的希腊阿芙洛狄忒雕像和罗马半身像的藏品室里，我们见到了卢多维克·洛吉耶。

“修复《萨莫色雷斯岛的胜利女神》像是我人生中最美好的回忆之一。
整个 2013—2014 年度，我们都在拆卸和重装战船，给它补上了 19 块碎片。
不过最令我感动的还是将错位的翅膀安回原处的那一刻：
确认接合完成后，我们整个修复团队都高兴坏了！”

卢多维克·洛吉耶

在研究需求与修复问题之间作出权衡

“在藏品室里度过的时间是很宝贵的，因为在这里你能够与艺术品来一次面对面的亲密接触；这也是进行研究的好机会，是博物馆保管员一生中的重要经历。”

卢多维克·洛吉耶

在这片放在木板上的大理石雕塑“集市”中间，卢多维克直截了当地说道：“有人认为藏品室里是一潭死水，这完全是无稽之谈。我们在这里研究和修复艺术品，给它们拍照，再打包送去中国香港或者日本东京等地展览。”被剥去神圣面纱的雕塑颈部拴着一张张小卡片，堪称“博物馆医生”的修复师作出的“诊断”能够反映出很多问题。一尊阿芙洛狄忒雕像性感的腰部就挂着标有“未固定在底座上”字样的卡片；不远处，一尊狗的雕像盖着透明塑料布，随时可以扎紧包装，送回展厅；另外一些放在普通白色木制支架上的雕像正在等待着它们的“诊断”……这些孤零零的艺术品完全未经博物馆展示技术的雕琢，此情此景反倒让我们不太适应了。看到卢多维克·洛吉耶熟练地操作着移动艺术品的托盘车，我们不禁感慨：博物馆保管员的工作真是发生了翻天覆地的变化！保管员必须经常进出藏品室，这一方面让他们得以直接接触艺术品，另一方面也便于他们与修复师保持沟通交流。

皇帝与保管员在藏品室里保持着无声的默契……

“修复工作是预防性保护的一个重要部分。”卢多维克·洛吉耶总结道。他面前的这尊马古斯·奥列里乌斯皇帝半身像曾在18世纪末接受鼻子和部分下颌的修复。“这样的艺术品必须谨慎对待。美学方面的要求和科学上的考虑有时并不能兼顾。之前对这尊半身像的修复确实保持得不太好，可我们现在又有多大权利去修复它呢？我们真的有权利修补一下鼻子，再添上一些颜色吗？”卢多维克提出了这样的思考。一尊“出水”型[1]维纳斯雕像则反映出另外一些问题：它的胸部和双臂真的属于同一尊雕像吗？这尊雕像看上去似乎是由完全不协调的几部分拼凑而成的，确实会令人产生这样的疑问。“这就属于现代的一种‘独创’，它并没有对应的、已知的古代模型。”卢多维克谨慎地说道。这件艺术品修复完毕后要确定的一个问题是，应该把它放在古希腊雕塑展厅里，还是放在展出18世纪文物藏品的驯马厅里？

“我一直乐于关注修复工作的进展，因为这能够帮助我与藏品建立一种默契的关系。”卢多维克·洛吉耶一边说着，一边满怀深情地看着眼前的马古斯·奥列里乌斯皇帝半身像。这尊雕像的卷发造型巧妙，倒与这位年轻的保管员有几分相似。

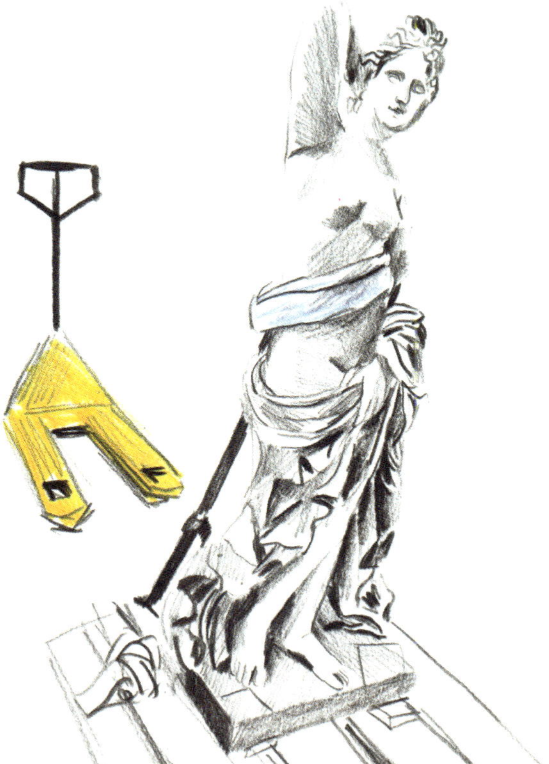

Venus « anadyomène »
“水中走出的”维纳斯

1 即呈现刚刚从水中走出的形象。

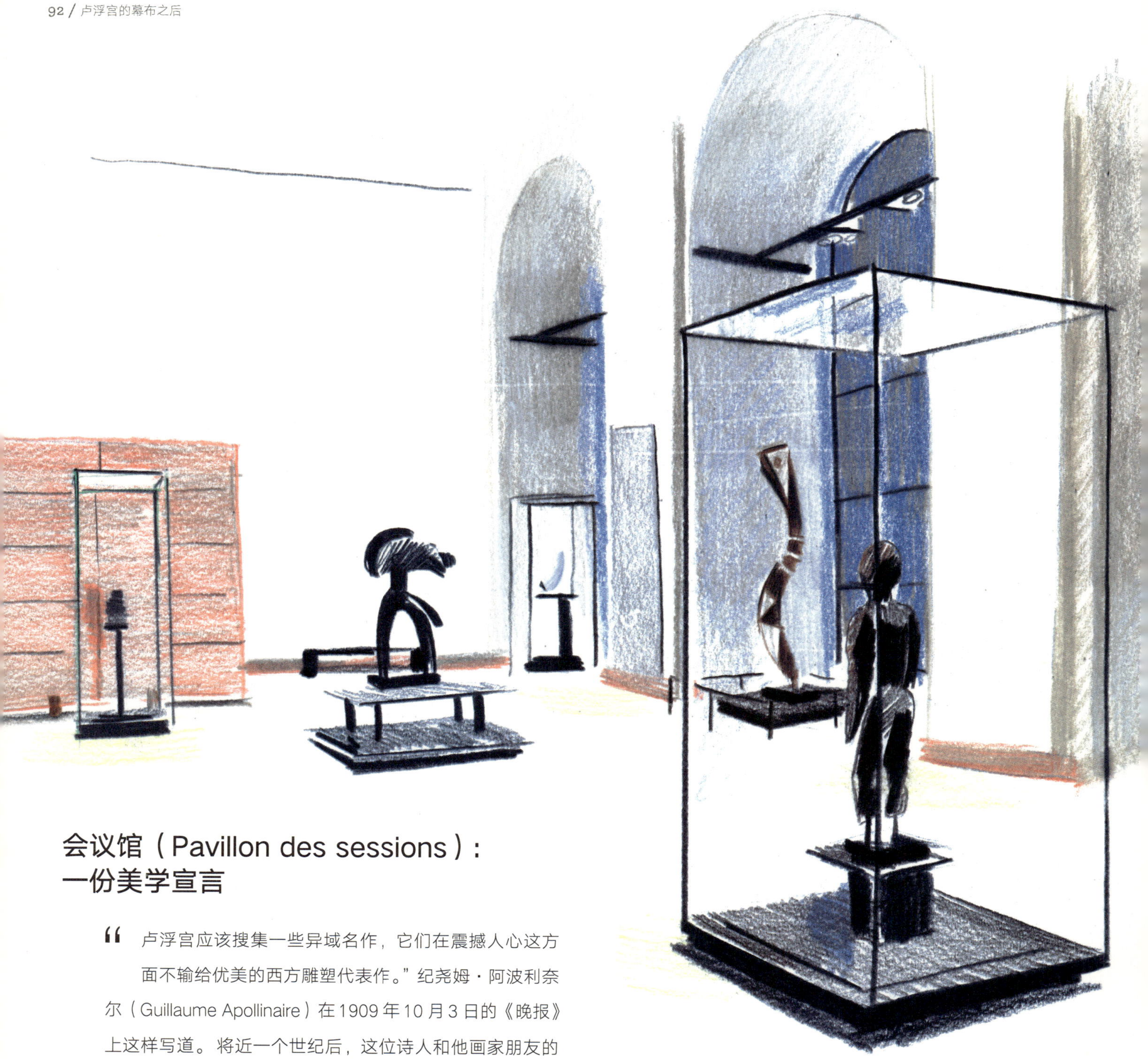

会议馆（Pavillon des sessions）：一份美学宣言

“卢浮宫应该搜集一些异域名作，它们在震撼人心这方面不输给优美的西方雕塑代表作。”纪尧姆·阿波利奈尔（Guillaume Apollinaire）在1909年10月3日的《晚报》上这样写道。将近一个世纪后，这位诗人和他画家朋友的祈愿才得以实现。2000年4月13日，约120件来自非洲、亚洲、大洋洲和美洲的艺术品进入了位于卢浮宫博物馆西南端的原会议馆。

经共和国总统雅克·希拉克（“远方”艺术的狂热爱好者）决定，作为布朗利码头博物馆（Musée du quai Branly，于2006年6月对外开放）的分支[1]，这一展厅由收藏家雅克·盖尔沙什（Jacques Kerchache，非西方文化的热心捍卫者）精心设计，象征着一种宣言：此前不久人们还将这些艺术定性为“原始的”、“部落文化的”或者简单地称为“黑人的”艺术呢！

“很多人希望黑人艺术能够进入卢浮宫。”

安德烈·马尔罗（André Malraux），

《永恒》（*L'Intemporel*），1976年

1 2006年6月开放的布朗利码头博物馆专门展出非洲、亚洲、大洋洲和美洲的艺术品，该博物馆的部分展品在卢浮宫的会议馆内展出。

“也许，来自这些地方的藏品
离开按人种分类的博物馆，
转而在艺术博物馆里落户的时代就要到来了。”

克洛德·列维－斯特劳斯（Claude Lévi-Strauss），
《面具之道》（*La Voie des masques*），1975 年

在塞纳河畔这些洒满阳光的展厅里，让－米歇尔·威尔莫特（Jean-Michel Wilmotte）设计的展示风格进一步突出了展览的美学含义。没有任何无意义的夸张，也没有刻意制造异域风情，整个展览给人以流畅和优雅之感，又令人几乎察觉不到年代的变化。由独具慧眼的雅克·盖尔沙什精心挑选的雕塑在金属底座上熠熠生辉，比任何冗长的宣言都更能体现长久以来被轻视民族的艺术天赋，同样，它们也是想象力和艺术创作非凡的灵感源泉。

展示非洲、亚洲、大洋洲和美洲艺术的会议馆内的一个展厅，展品来自布朗利码头博物馆。

严格的“卫生检查”

2017 年 3 月 14 日星期二，我们见到了奥雷利安·加博利（Aurélien Gaborit），他是布朗利码头博物馆非洲藏品的保管员，负责保管卢浮宫会议馆的藏品。他会在博物馆的闭关日进行展品检查和严格的“卫生检查”。这些来自布朗利码头博物馆的展品主要为木制品，大部分都面临颜料褪色的问题，需要长期保养和特别关注。

Aurélien Gaborit et Bérénice Schneiter au Pavillon des Sessions

奥雷利安·加博利和贝雷尼丝·施内特在会议馆内

“会议馆在 2003 年得到了这枚哥伦比亚的金质胸牌。泰罗纳的印第安人还曾专程来到展厅安抚盘踞在这枚祭祀饰物中的亡魂。”

奥雷利安·加博利

pendentif taïrona

泰罗纳风格的吊坠

法布里斯·索瓦涅阿格

一边观察，一边保护

奥雷利安·加博利蓄着长长的胡须，看上去颇有 20 世纪探险家的风采。在卢浮宫学院学生的眼里，这位布朗利码头博物馆非洲藏品负责人同样是一名出色的教师。目前，他负责这些来自远方的雕塑的保养工作，因为它们虽然美丽，却也十分脆弱。“我们主要的工作之一就是确保这些藏品不受虫蛀，毕竟展馆附近就是杜乐丽花园。我们还要注意近距离地观察艺术品，比如加蓬的芳格人圣物盒用棕榈油泡过，有可能会发霉。”奥雷利安·加博利表达了他的担忧。

每周二，展厅里都显得格外荒凉[1]，插满钉子的物神、庄严的母亲形象雕塑，以及严肃的多贡人雕像看上去愈发令人印象深刻。在这些散发着神圣气息的艺术品中间，一出奇特的芭蕾舞剧忽然在我们眼前上演。布朗利码头博物馆预防性保护负责人法布里斯·索瓦涅阿格（Fabrice Sauvagnargues）正在通过一部小仪器来检查打在玻璃橱窗上的灯光强度。“我们最近更换了所有的电灯，我正在给这项工程做一次小小的总结。无论是参观者的视觉舒适度还是展品的保护质量，都让我很满意。你们看：颜色显得更清楚了，照明也更加细腻。”这位年轻的保管员开心地说道。从安装在窗边的气温传感器和捕虫器可以看出，这些展品得到了婴儿般的呵护。“展厅环境整洁，橱窗也安装到位。这里可不是印第安纳·琼斯的丛林！”法布里斯·索瓦涅阿格放心地补充道。

1 卢浮宫博物馆每周二闭馆一天。

不远处，两名修复师同样在进行一项细致的工作：为橱窗外的展品除尘。“她们非常了解这些展品，一旦出现任何损坏或者变质的情况，她们都会立刻通知我们。”奥雷利安·加博利的语气中充满敬意。遗憾的是，鉴于某些参观者的行为和日益增多的破坏行径，保管员不得不把部分展品放在橱窗里，比如这座经常被人摸来摸去的尼日利亚母亲雕塑。大洋洲的展品由于尺寸过大，无法放入橱窗，因此也受到了接待与监管员的特别关注。他们在发现展品出现严重的损坏时也会通知保管员，比如雕像下面粘了一块口香糖……

为几内亚宁巴的肩荷式面具细致地除尘。

法比安娜·布瓦

“布朗利码头博物馆和会议馆共有约 20 名修复师。
每次进行修复（除尘、吸尘等）时，
我都会写下自己的意见，并告知博物馆的负责人。”

法比安娜·布瓦（Fabienne Bois），独立修复师

“这条阿兹特克人的羽毛蛇是我的最爱。
雕塑家应该是依据原石的形状把蛇雕刻出来的。”
奥雷利安·加博利

所幸的是，大部分参观者都充满敬意，为这些奇特而富有诗意的艺术品所深深吸引。比如这座来自瓦努阿图马洛岛的巨大雕像，它被昵称为“蓝人”，绝对是“大洋洲”部的明星展品。奥雷利安·加博利强调说：“我们这里的展品几乎都独一无二，质量上乘。新的照明方式更突出了展品颜料的细微变化。”

他还自豪地告诉我们，美国艺术家杰夫·昆斯（Jeff Koons）特别钟情于一尊来自新爱尔兰岛的“尤利”雕塑，还用相机将它拍下来，放进了一张图片拼图作品中。从一个世纪前的安德烈·德朗（André Derain）和巴勃罗·毕加索到今天的创作者，非洲和大洋洲的艺术不断俘获人心……

不过，最具“超现实主义”意味的一幕发生在几米之外的地方：一位修复师站在踏步梯上，腰上绑着一部肩背式吸尘器，正在为一尊来自复活节岛的巨型摩艾人像除尘。这位姑娘和雕塑之间的比例差异让整个画面看上去更为奇特。“我总是从雕塑的顶端开始除尘。”法比安娜·布瓦说。她不时用一把小刷子扫去雕塑角落深处的细微尘粒。一边是 21 世纪的科学家，一边是用粗糙的火山石雕刻出的祖先头像，这样的场面令人动容，我们悄悄地离开，不忍打扰他们。

“来自非洲和大洋洲的访客参观会议馆时表现得既自豪又感动，因为他们看到，我们对他们的艺术和其他人类杰作一视同仁。”

奥雷利安·加博利

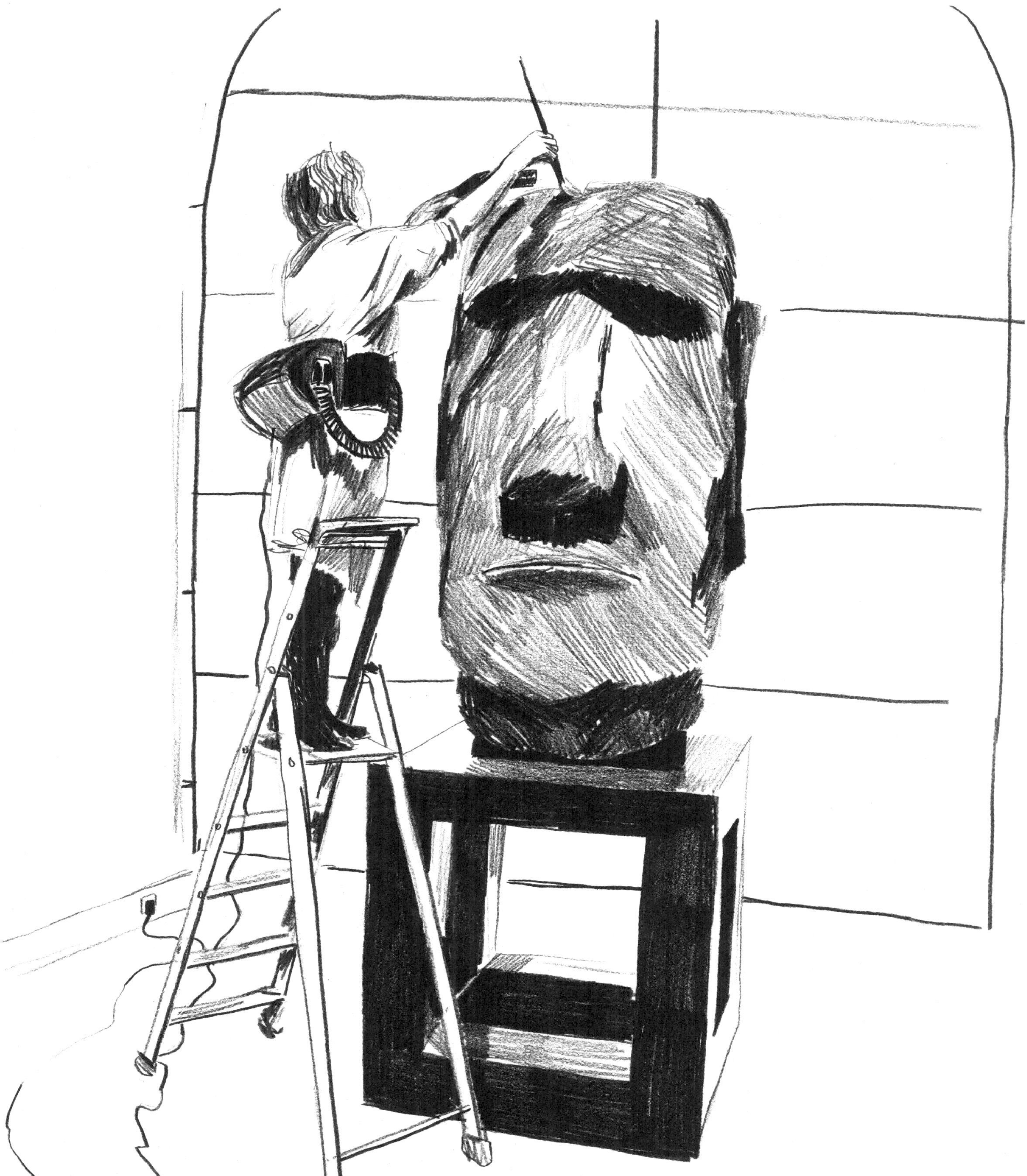

dépoussiérage de la tête de moaï
au Pavillon des Sessions

为会议馆内的摩艾人像除尘

“卢浮宫星球”

无论台前还是幕后，在卢浮宫工作的 2000 人个个令人羡慕。他们来自不同的地方，有着不同的文化背景，操着不同的语言，具备不同的技能，却都对卢浮宫充满着身心上的依恋，无论如何也不愿离开这里。

在展厅和展览的布置工作背后，是一支由男男女女组成的“军队”，他们修复展品，为它们安装底座或画框，加装标牌，编写展品卡片，修建和粉刷隔墙。卢浮宫里还有约 60 名保管员，他们悉心呵护、研究、公布和充实藏品，并决定是将它们公开展示还是保存在藏品室中。

此外，博物馆也离不开针对不同参观者开展的不同工作。语音导览、目录册、专门为孩子们设计的漫画图册和书籍、标牌以及讲座……一切都是为了帮助参观者轻松愉悦地了解藏品；文艺资助和传媒等新型职业又让卢浮宫实现了现代化。从古老的皇家宫殿到完全适应了 21 世纪的博物馆，卢浮宫一直在不断地蜕变……

le couloir des ateliers

工作室外的走廊

博物馆的工作室：“卢浮宫制造”的手艺

细木工、高级细木工、烫金工、安装工、锁匠、灯光师、金属构件安装工、石匠、底座安装工、镶框工、布景专家、织毯工……没有他们，就无法布置展品，也办不成展览。卢浮宫的艺术工匠都是资深专家，有些人还掌握着行业秘密，很多外国博物馆都渴望得到他们的技能和知识。

与藏品如此亲密的接触也让这些充分参与各部门工作的工匠感到极其自豪。无论是拆卸水晶吊灯或者欧仁·德拉克洛瓦的名画，组装列奥纳多·达·芬奇的作品，还是为一尊古希腊雕塑安装底座，每项工作都是在为作品服务，工匠们充满敬意，又无比精细。

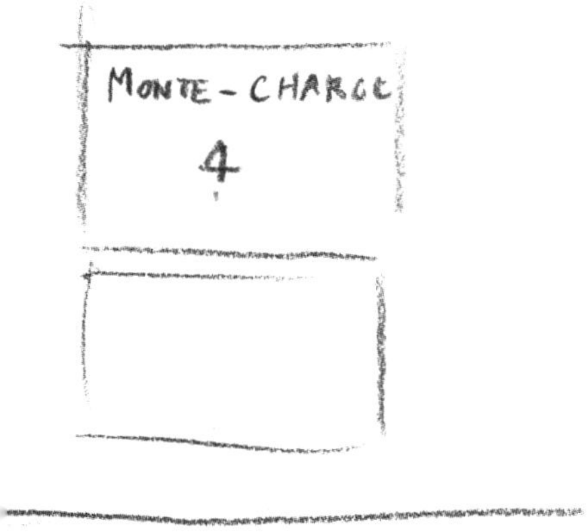

我们参观这些工作室时，遇到的每个人都满怀难以撼动的热情，无私地奉献着自己的时间。他们掌握着先人的秘诀和手艺，是保管员、公众和艺术品之间不可或缺的一个环节。

Jean-Louis Jasawant

让－路易·雅萨旺

“安装”工作室

迪迪埃·布舍龙（Didier Boucheron）正在为卢浮宫录制系列纪录片，在他的陪同下，我们感受到了工作室里沸腾的氛围。这些工匠和技师远离展厅里鼎沸的人声，为了使艺术品以最好的状态展现在世人面前，他们在人们看不到的地方忙碌着。他们的平静和技艺之高超让我们深受感动。我们首先拜访了“安装”工作室。在负责人让－路易·雅萨旺（Jean-Louis Jasawant）的领导下，在组织展览或者新增展品时，“安装”工作室负责协调展品的搬运工作。

Didier Boucheron

迪迪埃·布舍龙

为搬运展品提供保障

“我们要负责所有部门的艺术品搬运、处理和悬挂工作。保管员不断向我们提出各种需求，我们经常要进行一些棘手的，甚至是危险的操作。”一大早，工作室的负责人让 - 路易 · 雅萨旺一边以沉稳的语气为我们介绍，一边等待着忙碌的艺术品搬运工作的开始。要知道，卢浮宫是一座古老的建筑，里面有数不清的走道、弯弯曲曲的楼梯通道和一眼望不到头的长廊。“我们只有四部货梯，另外，光是内部通道（VDI）就有 3.8 公里长！”他又补充道。

安装工最忙碌的日子是星期二，这一天是卢浮宫的闭馆日。一辆辆小型电动车在“卢浮宫腹地”的走廊里穿行，活像蜂巢周围嗡嗡飞舞的小蜜蜂。“我们是艺术品搬运的关键一步。卢浮宫会组织各种展览，也经常外借展品。我们必须时刻以冷静的心态面对各种各样的需求。我举个例子：维米尔（Vermeer）展览的画作悬挂工作就持续了整整三周。我们与政府的管理部门和展览组织干事布莱兹 · 迪科（Blaise Ducos）协商后，负责接收画作，并对画作悬挂工作进行了规划。当然，最后还是保管员和建筑师说了算。”让 - 路易 · 雅萨旺说道。

3月底，还有一个让“安装”工作室忙碌起来的大项目，这就是黎塞留馆里北方画派作品的悬挂工作。这一次，工作室照样要克服各种困难，应对物质条件的限制和保管员的要求。“悬挂从来不会一下子就成功，比如有些画框都已经变形了。我们在‘粉刷装饰’工作室的同事还要把挂杆重新粉刷成与隔墙相同的颜色。”雅萨旺自豪地告诉我们。

令让-路易·雅萨旺印象最深刻的，还要属委罗内塞的《加纳的婚礼》在完成修复后重新悬挂展出。考虑到画作的尺寸和重量，那可真是一次技术上的壮举！他回忆说：“我们不得不拓宽通道，才能让油画进入万国大厅。另外，我们还专门设计了金属画框，因为原始画框的重量超过了墙体的承重能力。”不过最让他头痛的大概还是当代艺术家，毕竟他们的作品通常十分脆弱，而且有时安装起来工程量巨大。

“我们‘安装’团队的成员都多才多艺，不过每个人的偏好各有不同。有些人喜欢搬运沉重的雕塑，有些人则更愿意搬运画作或者特别脆弱的艺术品。”

奥雷利安·加博利

2017年2月叙利馆三楼“莱顿艺术展：伦勃朗和他的时代”的作品悬挂工作

“锁务”工作室

下一站是“锁务”工作室。当得知卢浮宫有 12000 多把钥匙时，我们才意识到这个工作室有多么重要。无论是焊接、钻孔，还是各种制造和修理工作，都需要最精尖的技艺。工作室负责人格拉西亚·恩盖桑（Gracia N’guessan）不无自豪地向我们展示了学徒们为加入博物馆“锁务”工作室而制作的竞技作品。

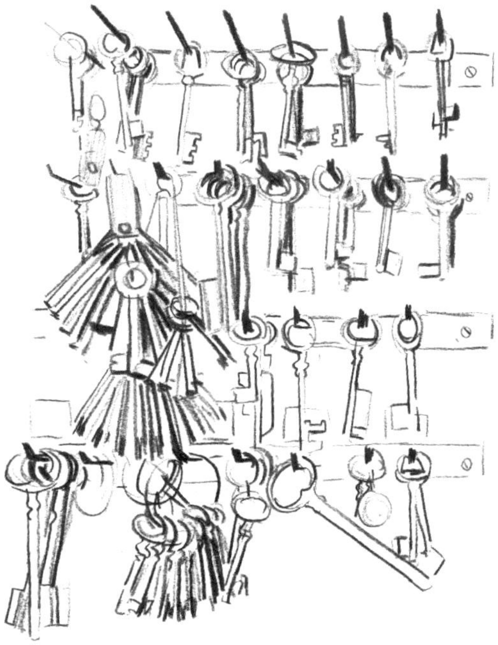

“只有消防员才有资格拿到电子芯片。这种电子系统能够记录所有出入情况，包括出入藏品室，从而防备窃贼和其他不速之客。”

格拉西亚 · 恩盖桑

卢浮宫的“芝麻开门”

“我们负责管理博物馆所有钥匙和锁具的使用，包括橱窗的机械锁和藏品室的电子锁。从某种意义上来说，我们就是卢浮宫各个部分的‘芝麻开门’咒语！”格拉西亚 · 恩盖桑说道，脸上洋溢着笑容。话说回来，为卢浮宫这样的地方解决问题可不是什么轻松的事情。最令这位工作室负责人自豪的工作之一还要数埃及文物部棺材橱窗的安保，他心怀敬畏地说：“不得不承认，这个部门对我来说特别震撼。”

“我们的工作室还要对具有历史价值的栅栏进行维修和保护。有些橱窗本身就被列为文物，比如艺术品部的橱窗，我们也因此有幸近距离接触到一些非常漂亮的锁具。不瞒你们说，我们修理老家具的时候也有惊人的发现。”格拉西亚 · 恩盖桑继续说道。站在他旁边的是他的助理塞巴斯蒂安 · 阿尔泽（Sébastien Arzeux），这位不羁的年轻人头戴红色鸭舌帽，谈到研究古老锁具的时候同样一脸兴奋。看到这两个人之间的默契，我们就知道这里的工作后继有人了。

格拉西亚 · 恩盖桑

“我只用这一小串钥匙就能打开整个卢浮宫！”

格拉西亚 · 恩盖桑

“粉刷装饰”工作室

沿着工作室走廊再往前走几步，就是“粉刷装饰”工作室了。在一大堆制作工艺堪称惊人的仿大理石拉毛粉饰中间，埃里克·茹尔内（Éric Journée）热情地向我们展示他团队丰硕的工作成果。

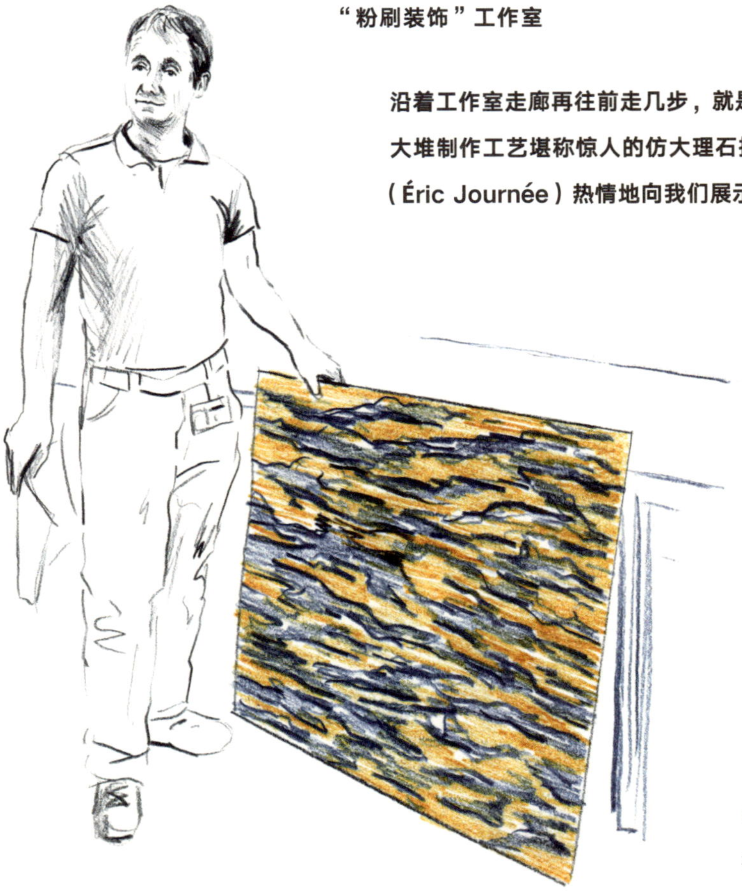

Éric Journée, responsable de l'atelier "peinture décoration"

埃里克·茹尔内，“粉刷装饰”工作室负责人

以假乱真的艺术

这绝对是卢浮宫里最富有诗意的工作室之一了。在这里，我们感受到工匠们艺术神经的跳动，他们用灵巧的画笔出色地模仿出异域树木的纹路、大理石的纹理和拉毛粉饰易碎的特性。埃里克·茹尔内和他的 9 位团队成员（还要再加上 1 名学徒）都接受过专业的培训，深谙伪装和以假乱真之道。面对保管员提出的要求，工作室的成员都十分乐于接受各种技术挑战，比如确保《米洛的维纳斯》的底座与展厅大理石地脚线的颜色保持一致。埃里克·茹尔内高兴地说：“我敢肯定，参观过古希腊展厅的 900 万人里，没有一个人能猜到雕像的底座是我们精心粉刷过的。”随后这位粉刷装饰师又补充道：“我们能够模仿石头、木材、混凝土和拉毛粉饰，还能完美地模仿出污垢和做旧效果。有时保管员会要求我们掩饰艺术品的支座，有时又会让我们故意把它们露出来。”

“我是‘粉刷装饰’工作室里唯一的女性。
这是一份力气活儿。
我目前正在处理绘画部的两个展览——
维米尔和瓦伦丁·德·布洛涅的画展。
安装工作完成后，我们的工作就加速了，
要在最短的时间里完成隔墙最后的精加工。”

玛丽-埃莱娜·德尔凯鲁（Marie-Hélène Delcayrou），
粉刷装饰师

18世纪艺术品展厅的重新布置算是工作室最重大的工作之一了。埃里克·茹尔内自豪地向我们展示位于旺多姆广场（Place Vendôme）的勒巴·德·蒙塔日酒店（Hôtel Le Bas de Montargis）“书房”的木构件修复模型。在这项需要精细操作的工程期间，工作室与为工程提供技术支持的室内装饰家雅克·加西亚（Jacques Garcia）进行了一次成果颇丰的对话。

“织毯”工作室

不同的工作室，不同的氛围……“织毯”工作室内，一排排椅子沿墙摆放，长椅的软垫已被拆开，整个工作室看上去像个旧货店；博物馆各个展厅里数不清的椅子正是在这里进行翻新或加固的。

与卢浮宫的椅子共事

“无论是鲁本斯展厅里路易 - 菲利普一世风格的软垫长椅、埃及文物部的‘商博良’式软垫长椅，还是让 - 米歇尔·威尔莫特或者里夏尔·佩杜奇（Richard Peduzzi）设计的现代家具，所有座椅都是我们经手的。”“织毯”工作室负责人迪迪埃·若阿奇姆（Didier Joaquim）自豪地说。目前，工作室（由 4 名专职人员和 1 名学徒组成）正在准备对两把刚刚完成包金的拿破仑三世风格扶手椅进行相应的调整。不远处，由皮埃尔·保兰（Pierre Paulin）设计的 7 张软垫长椅正在等待加固，以迎接大画廊里参观者的一次次冲击。“我们改进了原型，用木材和铁件对长椅进行了加固。”迪迪埃·若阿奇姆告诉我们。皮埃尔·保兰是乔治·蓬皮杜总统最钟爱的设计师，由他设计的这几张著名的长椅已被拆去构架，玻璃纤维制成的花瓣形外壳随意地暴露在我们面前。

“织毯”工作室管理着这种兼具博物馆展示功能和历史价值的文化遗产，同时也乐于发挥他们的创造力。迪迪埃·若阿奇姆的助理大卫·贝利亚尔（David Belliard）开心地说：“18 世纪艺术品展厅里窗帘的原型就是我和室内装饰家雅克·加西亚合作设计出来的。”对美好事物的热爱，在这位学习戏剧出身的年轻人身上逐渐显现出来。从舞台上的艺术到卢浮宫里的艺术，他的职业生涯似乎一直沿着同一个方向前进。

Restauration des banquettes
de Paulin dans l'atelier "tapisserie"

“织毯”工作室正在修复保兰设计的软垫长椅

"金属制品"工作室

焊接不锈钢、铝件、黄铜和钢件，对这间工作室的 7 位成员来说是家常便饭。这些与火打交道的工匠身着蓝色工作服，戴着手套和护目镜，脚蹬安全靴，另外还佩戴防护帽和耳塞，以便隔离工作室里机器发出的巨大噪声。在这间全是男性员工的工作室里，灵巧性与创造力一齐迸发。

伏尔甘[1] 的铁匠铺

"无论是埃及的浅浮雕，希腊、罗马的棺材，还是路易十五时期的蜗形脚狭桌，卢浮宫里所有部门的艺术品都要经过我们的处理。我们工作室的成员都持有冷作业、金属构件制造与安装或者制锁的专业技能合格证书（CAP），每个人都身怀绝技，能够胜任任何一件藏品的装配工作。我们接触的艺术品重量从四公斤到两吨不等，看出我们的业务领域有多广了吧。""金属制品"工作室负责人让-路易·吕埃朗（Jean-Louis Ruellan）的目光中透出一丝狡黠。各个部门的需求不停地涌进这间工作室，工匠们的时间因此格外宝贵。"几年来，我们逐渐与保管员形成了一种十足的默契。一开始，有些保管员并不拿我们当回事，后来，他们甚至会直接跑到工作室里来跟我们讨论关于藏品的问题。我们确实逐渐具备了高超的技艺，其他博物馆都很羡慕我们，我们也因此有机会去世界各国进行艺术品装配，比如中国、俄罗斯、日本等等。'卢浮宫制造'的招牌特别受欢迎！"让-路易·吕埃朗感到十分自豪。不远处的机房同样令我们印象深刻，一位年轻的学徒正在我们的见证下努力学习使用铣床、剪床、折弯机和锻炉。让-路易·吕埃朗严肃地告诉我们："没有参加过实习的人就没有资格碰机器。"在卢浮宫里，从来没人敢拿人员和艺术品的安全当儿戏。

le chef de l'atelier "métallerie"

让-路易·吕埃朗，"金属制品"工作室负责人

"最完美的装配，
就是最看不出痕迹的装配，
同时还要最大程度地保障艺术品的安全。"

让-路易·吕埃朗

1 古罗马神话中的火神。

“艺术品装配”工作室

细心、灵巧和专注就是这间工作室的三条金科玉律。在帕斯卡尔·古热（Pascal Goujet）的领导下，工作室的 6 名成员正在进行一项规模巨大的工程：装配约 400 件展品。这些展品将在 9 月送往卢浮宫朗斯分馆，在古代音乐展上亮相。

Pascal Goujet, chef de l'atelier
"montage des objets d'art"

帕斯卡尔・古热，“艺术品装配”工作室负责人

技术壮举与创新

帕斯卡尔・古热首先告诉我们：“我们服务于卢浮宫里所有的部门，不过需求最多的还是艺术品部、东方文物部、埃及文物部，以及古希腊、伊特鲁里亚和古罗马文物部。”桌子上成排码放着铅制士兵小雕像、成套的希腊－罗马小陶俑和埃及蓝釉艺术品；橱柜的门虚掩着，里面大概存放着装配结构已经有些老化的埃及神祇贝斯可爱的小雕像……“其实，艺术品的装配方式也有各种不同的流派，有些装配材料如今已经不再使用了。”帕斯卡尔・古热解释道。

这间工作室拥有的技艺同样是全世界博物馆觊觎的对象。“2015 年‘色雷斯国王史诗’展览的所有金银制品都是由我们完成装配的，我们处理了总重约 30 公斤的黄金！保加利亚人对我们的装配工作特别满意，甚至想把这些金银制品都带回各自的博物馆去呢。”帕斯卡尔·古热对我们讲道，语气中带着自豪。无论是东方文物部的滚筒印章、阿波罗长廊里那只皇冠上的珠宝饰物，还是伊斯兰艺术部的展品，每次装配都需要提供创新性的解决方案。今年的开学季，工作室将会异常繁忙，因为卢浮宫内要同时举办三个大型展览——“弗朗索瓦一世与荷兰艺术”展、“权力的剧场”展和“室外绘画”展，其中，工作室要为第三个展览装配约 40 张有机玻璃的斜面桌。在有限的时间里，这可算是一次技术上的巨大挑战了。

“我们一般直接就地装配展品，不过手稿是个例外。比如德拉克洛瓦的素描本保存在他的画室里，我们就要前往画室去装配。” 帕斯卡尔·古热

“细木工艺”工作室

让艺术品的展出场所变得更加美观，这就是“细木工艺”工作室的使命。斯特凡那·弗沃（Stéphane Fauvaux）通过图纸向我们热情地讲述着建筑师、保管员和工作室成员之间延续不断的对话。

卢浮宫是个“游乐场”

这个3月，工作室要为即将在小画廊（Petite Galerie）举行的展览准备家具，展览有个很好听的名字，叫“权力的剧场”。工作室的7名成员与2位展览组织干事让-吕克·马丁内兹和波城古堡国家博物馆馆长保罗·米罗诺（Paul Mironneau）密切合作，随时准备应战。根据展览的布景计划，他们要完成橱窗的制作、隔离，还有展台的布置。这样一项工程既需要高超的技艺，又需要创造力。“卢浮宫就是我们平时的游乐场，是一个等待我们去雕琢的宏大空间。”斯特凡那·弗沃兴味盎然。此外，工作室的工作内容也花样繁多。“我们为埃及文物部的一口棺材制作了杨木底板；我们还为18世纪家具展厅开展修复工作，那绝对是我们规模最大的项目之一。保管员的日常办公家具也由我们负责修复。”斯特凡那·弗沃说道。作为一个木艺爱好者，斯特凡那曾经在一家旧货店工作过，而卢浮宫则为他提供了突破自我的宝贵机会。在工作室最精尖的创新产品中，这位负责人特别提到了配备通风或防振警报系统的高科技橱窗，有的橱窗还配备了与电脑连接的气泵系统，可持续传输湿度数据。卢浮宫已经彻底进入21世纪啦！

“装框与包金”工作室

这里的墙上没有画作，只有成排的镀金画框，每个都精美奢华。在随处是画笔和草图的工作室里，伊丽莎白·格罗让（Élisabeth Grosjean）用大大的微笑迎接我们。阳光的她热情地向我们介绍了这份工作，这是她的事业，知识与技艺的传承也是她最关心的事情之一。从她身边学徒的平均年龄来看，她算是后继有人了！

“《蒙娜丽莎》落户万国大厅时，
我们为它的画框制作了一个仿品。
它只是一个‘代用品’，
目的是方便橱窗制造师测量画框投在作品上的阴影面积。
这个仿品后来就保存在绘画部了。”

伊丽莎白·格罗让

知识的传承

“我在26岁时依靠瓦雷里·吉斯卡尔·德斯坦[1]设立的工艺职业鼓励协会（Sema）奖学金完成了学业，从此就爱上了这一行，直到现在。”伊丽莎白·格罗让说，她在工作室里为马克斯·杜雅尔丹（Max Dujardin）当助手。在她的注视下，年轻的学徒奥里亚纳（Oriana）正准备去掉一副画框上的铜锈，然后再清除其他污渍，并修复残缺的部分。“很可惜，由于法国大革命和各种各样的战争，法国损失了很多画框，拿破仑甚至亲自下令毁掉路易十五和路易十六时期的画框，以建立属于他的风格，也就是画框边缘的凹槽和一排排小蜜蜂。幸运的是，如今人们对画框的认识发生了巨大的变化，有些画框甚至被视为艺术品。此外，由于技术的失传，画框逐渐具有了经济和文化遗产的双重价值。”伊丽莎白·格罗让说。

1　1974—1981年任法国总统，2003年当选法兰西学院院士。

这间工作室实际上由三部分组成：细木工场般的机房、木材区，以及装框与包金区。虽然教育背景各不相同，但工作室的全体成员都秉持着同一个目标：最大程度地保持画框最初的包金，同时改善画框的结构和视觉效果。“画框来到工作室后，我们总是先检查它的接合情况，以免画框给画作或者公众造成危险。”伊丽莎白·格罗让向我们解释道。在她面前，一名学徒正在尝试叶形包金。他的动作十分精准，这一刻的感觉也非常神奇，一片片金叶子看上去如同风中的羽毛般轻盈。精美的工具同样吸引了我们的注意：用一块杨木板制成的镀金垫、“濡湿”用笔、刀具，以及用来将叶子按压在画框上、同时排出水汽和气泡的“按压器”。“能够继承这些制造于 20 世纪初的工具，我感到非常幸运。在这一行里，我们传承的不只是技术，还包括有助于保持‘姿势’的工具。”伊丽莎白·格罗让站在学徒面前，动情地说道。无论是胶水的配制，还是涂料的细微差别，这间工作室总能给出各种建议和意见。“我们的工作是出于对作品的热爱，还有我们与时间保持的这种关系——一种经得起现代节奏考验的关系，别忘了把这一点写上。在这里，一切都源于热爱和传承。”

伊丽莎白·格罗让自豪地向
我们展示她的镀金垫

“工作室里有橡木、椴木、榉木、白塞木等等。
里夏尔·佩杜奇为素描画的装框制定了一个非常严密、
能够确保作品安全的流程。
这位设计师选用欧洲甜樱桃木来制作画框，
这也是他制作家具时所偏爱的一个木种。”

伊丽莎白·格罗让

“装框与包金”工作室内的繁忙景象

“素描画装配”工作室

“素描画装配”工作室把大本营的位置选在了花廊。工作室看上去像一间长着“复眼”的阁楼，里面存放着正在进行装配、用于外借或展览的素描画。一个个奇迹就在玛尔莱娜·韦尔内（Marlène Vernet）和团队成员的手中绽放着……

“工艺类职业包含 42 个专业，
而我们则有幸能接触到其中各种不同的专业。
我是法国国家图书馆的纸类载体修复师，
又很幸运地获得了在卢浮宫‘素描画装配’工作室实习的机会，
而且乐在其中！”

塞西尔·舍沃，修复师

与伦勃朗、马奈和德拉克洛瓦亲密对话

“卢浮宫的藏品室内保存着约 35 万幅素描画。这些素描画送到我们工作室是为了完成装框前的装配工作，然后才能送到展厅或者借给其他博物馆。我们的工作室每年大约处理 500 幅素描画。”玛尔莱娜·韦尔内一边说，一边展示了几幅美得令我们惊叹的作品，比如正准备送到伊斯兰艺术部的莫卧儿王朝时期的细密画。“我们很幸运，可以跟随作品在各个世纪和时代之间穿梭，比如中世纪和文艺复兴时期的小彩画，还有欧洲不同流派、古典时期以及巴洛克时期的素描画。我们的工作室还负责处理保存在欧仁·德拉克洛瓦国家博物馆和奥赛博物馆里的藏品，后者以马奈、修拉和奥迪隆·雷东的作品居多。最近，我们也开始接手南·戈尔丁（Nan Goldin）和 JR 等当代艺术家的作品了。”玛尔莱娜·韦尔内满足地补充道。站在她身旁的贝亚特丽斯·费纳-泽尔比（Béatrice Fena-Zerbib）打开一只巨大的黑色盒子，里面保存着雅巴赫（Jabach）收藏的素描画，这位德国银行家曾将部分藏品出售给法国国王路易十四。贝亚特丽斯戴着大大的白框眼镜，为我们介绍：“这样的一只盒子里一般放着约一打素描画，通常需要我们花上一天半的时间来处理。不过还是要看素描的总体保存状况：有些画已卷曲变形，还有些画需要细微的镶嵌处理。”无论他们最初接受过哪些专业的培训（素描画、照片或“纸类载体”修复），工作室的所有成员都真心热爱图像艺术。“我们直接接触作品，极少有工作室能够提供这种将伦勃朗、列奥纳多·达·芬奇或者德拉克洛瓦的作品捧在手中的机会。”菲利普·西罗（Philippe Sirop）总结道。

玛尔莱娜·韦尔内对一幅莫卧儿王朝时期的细密画赞叹不已

Vincent Pomarède

樊尚・波马雷德

与所有参观者建立联系

樊尚・波马雷德（Vincent Pomarède）在 2000 年至 2004 年任里昂美术馆馆长，又于 2003 年至 2014 年担任卢浮宫绘画部主任，现在是卢浮宫沟通协调和文化节目策划部负责人，工作内容包括编辑、制作、播放、介绍作品，以及根据艺术作品设计图片。这一跨领域部门的首要任务是建立和巩固公众与长期展品之间的联系，将博物馆变得更加通俗易懂：“我们用各种类型的媒介来介绍和普及藏品，不但服务于世界各地前来探索博物馆的参观者，也服务于生活在巴黎大区[1]的忠实艺术爱好者。”

樊尚・波马雷德曾多次担任国际文化活动专员，经验丰富的他对我们讲述了复杂的展览装配工作，听上去就像一次电影选角：“一次展览需要四十几个工种的合作：保管员、接待与监管员、布景师、美工设计、媒体和赞助联络员、公共管理人、安装师、施工管理员、底座安装师、照明设计师、细木工、木工、装框师、编辑、新闻专员、网站管理员……”为了管理这些忙碌而需要创新精神的活动，让 - 吕克・马丁内兹专门成立了一个部门，以便上述所有人员能够协同合作。樊尚・波马雷德总结道：“无论是制作橱窗、起草说明卡片，还是编订目录、录制影片或在演播厅里组织会议，一切工作都服务于参观者和展品。”

l'auditorium

演播厅

1　巴黎市与其周边的 7 个省共同组成“法兰西岛”或“巴黎大区”，俗称“大巴黎”。

演播厅：为策划多领域节目而服务

由贝聿铭设计的演播厅于 1989 年启用，位于金字塔下方空间的延伸地带。演播厅装饰朴素又不乏现代感，内设一块巨大的屏幕，可容纳 450 名观众，服务于古典音乐爱好者、艺术史迷、电影史迷，以及想为参观展览预热或者了解展览更多相关信息的研究人员和学生。演播厅为博物馆的活动安排组织相关的会议、研讨会、研读会、辩论日活动、音乐会、舞台剧……这里有让 - 塞巴斯蒂安·巴赫早期的康塔塔作品、拿破仑主题日、古希腊悲剧……总有一款适合你！

Michel Antonpietri

米歇尔·安东皮埃特利

卢浮宫沟通协调和文化节目策划部负责人助理米歇尔·安东皮埃特利（Michel Antonpietri）告诉我们：“演播厅的建筑之美令人着迷，但我们不得不正视它在技术方面的限制：舞台太小，厅内难以（在必要时）实现完全无光。不过，屏幕倒是可以完美地显示按照原始格式播放的影片。我们主要安排三个类型的节目：循环播放与博物馆和展品历史有关的音乐会、播放与年度大事件有关的珍贵影片、播放戏剧演出和表现艺术。”

“让 - 吕克·马丁内兹和樊尚·波马雷德的一个远大目标是吸引新的参观者，我们为此也推出了一些新的活动形式，比如‘与 XXX 共度 24 小时’活动，包含艺术史系列讲座和围绕一位历史名人来组织的研读活动和音乐会。我们有三位节目编排师，洛朗·穆拉罗（Laurent Muraro）负责音乐节目，莫妮卡·普莱蒂（Monica Preti）负责艺术史类节目，帕斯卡尔·雷诺（Pascale Reynaud）负责影片类节目。在他们的努力下，演播厅致力于提供多领域的节目。”

玛丽娜 - 皮雅·维塔利（Marine-Pia Vitali），展厅沟通协调副干事

“70% 的参观者都是第一次来卢浮宫。我们的目标就是帮助他们了解卢浮宫和藏品的历史，让他们可以用自己的方式来探索这个地方。2014 年 11 月起，我们开始改进全部已有的导览工具，并创造新的必要工具。我们还更新了 4 万个说明卡片的设计和导览标牌，争取让每个人都能够理解博物馆五个楼层的设置。此外，我们在接待处和展厅里放置了数字设备，还组织人员交流活动（研讨会、工坊体验等），这些对于满足各类型群体的需求和丰富参观者的体验来说都是必不可少的。”

与一位保管员的第三类接触[1]

塞巴斯蒂安·阿拉尔（Sébastien Allard）担任绘画部主任已经有三年了，我们与他约在他巨大的办公室见面。这里陈设着皮埃尔·保兰设计的家具。圆框眼镜，瘦削的身材，这位保管员仪态优雅……而且异常繁忙！他一面要筹备瓦伦丁·德·布洛涅的作品展，一面又要监督几个北方画派新展厅的重新布置，还要兼顾最近的一次收购工作，走廊里总是回响着他充满活力的脚步声。

1　概念取自美国天文学家海内克（Hynek）在 1972 年提出的对于与不明飞行物接触的分类。第三类接触为直接接触。

研究与实践：保管员的工作令人激情四射

卢浮宫博物馆里共有约 60 名保管员，其中大部分都通过了位于巴黎薇薇安路 2 号的国家文化遗产学院（Institut National du Patrimoine）组织的高难度考试。他们各个学识渊博，兼具研究者的优秀品质与实地工作中必备的灵活性，毕竟，无论是管理一个部门，还是保管一个系列的藏品，都不属于一劳永逸的工作。保管员的工作内容丰富，形式多种多样，包括悬挂艺术品，筹备展览，组织研讨会、修复活动和管理收购委员会的工作，着实令人感到兴奋。随着新技术（如数字技术）的出现和公众类型的多样化，保管员的工作发生了显著的变化。作为团队的指挥员，保管员还要在教育培训方面发挥作用，并在与大多数人的沟通中扮演至关重要的角色。保管员要精通新闻发布会的路数，既能编订深奥的目录，又能撰写科普作品。保管员已经成为要面对整个世界的一分子。

Sébastien Allard
dans son bureau

办公室里的塞巴斯蒂安・阿拉尔

“在卢浮宫工作，首先要拥有一双好鞋！卢浮宫博物馆太大了，覆盖了三个地铁站呢！”塞巴斯蒂安不无幽默地告诉我们。他经常把自己比作乐队指挥，因为保管员从不会把自己关在办公室里，而是要同时兼顾多项任务。塞巴斯蒂安解释道：“这是一项全方位的体力和脑力劳动：既要思考和写作，又要进行实际操作。接触作品是工作中的首要任务；平庸与崇高在我们的职业里共生并存。”

Cartouche du cadre
des "Noces de Cana" dans
le bureau de Sébastien Allard

塞巴斯蒂安・阿拉尔办公室里《加纳的婚礼》画框上的边饰

对于绘画部来说，2017 年是在一片匆忙中开始的，三个重要的展览几乎同时与公众见面：第一个是卡拉瓦乔画派的画家瓦伦丁・德・布洛涅的画展，第二个是荷兰大师约翰内斯・维米尔的画展，第三个则是在卢浮宫朗斯分馆举行的勒南三兄弟画展。“一次展览就像是一次演出，要随时进行调适，动员你的团队，解决各种困难。我们一直在追求尽善尽美，因此有时也会造成一些关系紧张的情况。不过，我们永远不会放弃创造性和大胆尝试的机会。”塞巴斯蒂安就是这样形容他无拘无束的工作状态的。

开幕式迫在眉睫

时间可不等人！在 2 月中旬的这个星期二，黎塞留馆内北方画派画家展厅重新布置后专门邀请媒体来参观。记者们三五成群地到达现场，还有些人姗姗来迟：干这一行的人经常半夜写稿，不太喜欢早起……

在各种问题的轰炸之下

新闻专员们抱着各自的材料，脸上挂着微笑，在展厅里走动着。几位常客已经就位：《十字架报》（*La Croix*）的记者裹着红色大衣，认真地做着笔记；《费加罗报》（*Le Figaro*）的记者则不停地提问。满地都是扫帚和水桶，几位画家忙着遮盖悬挂画作使用的金属杆，还有些作品仍然放在地上。不时有相机捕捉着这片欢乐的混乱场景。

不过，每次作品悬挂都是一项巨大的工程，需要服从极其严格的组织和流程安排。为了完成此次北方画派作品悬挂，工作人员共拆除了 570 多幅作品的画框，一一鉴定后进行修复。从隔墙的颜色（黍棕色）到主题设计（风俗画、大型风景画、肖像画等），每个微小的细节都要做到极致。“这些都是长期展厅，因此要给参观者综合性的参观体验，制造一种和谐的效果。”塞巴斯蒂安·阿拉尔向记者解释道。尽管如此，展厅里还会安排一些新颖的画作对比，如将雅各布·凡·雷斯达尔（Jacob van Ruisdael）和蒂奥多·卢梭（Théodore Rousseau）的油画摆在一起，用来反映 19 世纪法国风景画家对 17 世纪荷兰大师们的致敬。

visite du nouvel accrochage des peintures des Écoles du Nord avec Sébastien Allard, directeur du département des Peintures

与绘画部主任塞巴斯蒂安一同观摩北方画派画家作品重新悬挂的工作

各种问题铺天盖地而来。如何拟定说明卡片上的科学性内容？如何将公众的注意力从《蒙娜丽莎》或者《萨莫色雷斯岛的胜利女神》转移到其他展厅？如何看待绘画部近期的收购活动？早已深谙此道的塞巴斯蒂安·阿拉尔平静地凭借自己的博学回答着这些问题；与此同时，他还在惦记着卡拉瓦乔画派画家瓦伦丁·德·布洛涅作品展装配工作中的最新进展。

塞巴斯蒂安·阿拉尔正在回答记者的提问

Sébastien Allard et Annick Lemoine

塞巴斯蒂安·阿拉尔与阿尼克·勒穆瓦纳

最后的调整，最后的卡片……

“瓦伦丁·德·布洛涅：重塑卡拉瓦乔”：这就是布洛涅画展的标题。关于这位画家，我们只知道他于 1591 年出生在古洛米耶（Coulommiers）的一个玻璃彩画工人家庭，他的作品受到同时代最著名的收藏家和资助人的青睐。在雷恩第二大学讲师阿尼克·勒穆瓦纳（Annick Lemoine）的陪同下，塞巴斯蒂安·阿拉尔考察了展览的布置现场。从最后几次照明测试到说明卡片和介绍性文字的修改润色，一切都在这两位展览组织干事的掌控之中。

距离开幕式还有几天，展览已经引起了广泛的关注，不过展厅里仍然不时出现托盘车和踏步梯。忽然，时间仿佛停在了这一刻，所有人都屏住了呼吸。站在巨大脚手架上的安装师们正在悬挂本次展览中最壮观的油画之一：由红衣主教弗朗西斯科·巴贝里尼（Francesco Barberini）定做的《意大利的寓言》（l'*Allégorie de l'Italie*），这幅作品是当年罗马-芬兰学院（Institutum Romanum Finlandiae）破例借给卢浮宫的。经过细致的定位与灯光调整后，这幅极富表现力的画作才最终在展览的隔墙上找到了它的最佳位置，呈现出震撼人心的戏剧效果。

在拿破仑堂（Hall Napoléon）举行的“瓦伦丁·德·布洛涅：重塑卡拉瓦乔”展（2017年2月22日至5月22日）

星期二：

开始大型操作

2017 年 4 月 18 日上午 9 点，我们见到了塞巴斯蒂安 · 阿拉尔和年轻的 20 世纪藏品保管员科姆 · 法布尔（Côme Fabre）。为了准备 2018 年春季举行的欧仁 · 德拉克洛瓦展览，绘画部正准备取下画家最著名的作品之一：《希阿岛的屠杀》。这同样是亲历奇迹的时刻，因为这幅作品已经有 20 年没有离开过这堵隔墙了。

“我问安装脚手架的工人是否同意
法国电视一台（TF1）的摄制组对他们进行拍摄。
它们的新闻节目有两三百万观众，
记者们必须报道一些有看点的事件，
比如移动一幅作品。”

苏菲 · 格朗日（Sophie Grange），新闻处负责人

一次颇具艺术气质的油画摘除工程

上午，德农馆二层的大尺寸法国绘画展厅里，竖起了一部高达 10 米的金属脚手架，如巴别塔般雄伟壮观。让 - 路易・雅萨旺和维克多・阿尔梅达・阿尔维斯（Victor Almeida Alves）团队的安装工人们目光专注，动作精准又不失优雅地围绕欧仁・德拉克洛瓦的巨幅画作进行着各种操作。此次摘除工作有条不紊，颇具艺术气质，甚至堪称一次现代芭蕾舞表演！移动这样尺寸（约 3 米 × 4 米）和重量（150 公斤）的名画有着不可忽视的风险，我们也能感觉到大家的紧张情绪。“《希阿岛的屠杀》是德拉克洛瓦的第三幅巨型油画，前两幅分别是《萨达那帕勒斯之死》和《十字军占领君士坦丁堡》。这幅作品光是画面部分的面积就至少有 10 平方米。”科姆・法布尔说道。他与塞巴斯蒂安・阿拉尔共同监督这项高难度的工程。

“德拉克洛瓦画展这样的展览
需要花上至少两年来筹备。
筹备工作很像是表演艺术：
油画是演员；展览组织干事是负责选角的编剧；
布景师是导演，
利用不同的色彩和照明确定剧情走向；
修复师则让我想到了化妆师和服装师。”

科姆・法布尔

Décrochage de "Scènes des massacres de Scio" 《希阿岛的屠杀》的摘除工程

安装工人戴着白色手套，在保管员和摄制组成员的注视下从血红色的隔墙上缓缓摘下油画。令人吃惊的是，墙面上和油画背面堆积着厚厚的尘土。年轻的绘画载体修复师吕克·赫特（Luc Hurter）背起吸尘器，开始一丝不苟地为油画背面除尘，他的助手桑德拉·克雷坦（Sandra Crétin）也早已习惯了这类工作。接下来便要把油画从画框中剥离出来，然后放置在带轮画架上。保管员们可以借此机会从一个奇特的角度来观察油画的每一寸画面，并近距离研究德拉克洛瓦的笔触。吕克·赫特则通过电灯来检查裱画的质量和图画层的粘接状况。

吕克·赫特与桑德拉·克雷坦
正在仔细地为油画背面除尘

“这幅油画应该没受过什么罪，它几乎没出过博物馆，只在 1941 年离开了一次，贴在画框背面的清查标签上写着‘卢浮宫　1941 年’，就说明了这一点。《希阿岛的屠杀》曾先后保存在萨尔特省、鲁维尼城堡和苏尔什城堡，直到 1946 年才回到卢浮宫博物馆。” 科姆·法布尔

Étiquette au dos de "Scènes des massacres de Scio"

《希阿岛的屠杀》背面的标签

接近午饭时间，这幅油画以一种超现实的方式穿过大画廊，来到了方形沙龙（Salon Carré）。一条封锁线将博物馆的人员与作品隔开，因为接下来要对它进行一系列检查：放射线检查、红外反射光检查以及光谱测定。这项史无前例的工作由法国博物馆研究与修复中心的一位工程师完成，目的在于检查作品中是否有修改和润色的痕迹，毕竟，德拉克洛瓦这位艺术家十分在乎自己身后的名声，而且总是对自己的作品感到不满……“这幅作品自 1966 年以来就没有接受过放射线检查。我已经等不及想知道新的成像技术能有什么新发现，甚至还有些小激动。通过检查，我们就可以根据作品的实际状况来确认画家日记所述是否属实了。”塞巴斯蒂安·阿拉尔若有所思地说道。

“德拉克洛瓦在画布上留下了一些笔毛。
他之所以行事如此匆忙，
是因为这幅作品完成后要拿到 1824 年的沙龙上去展示。”
塞巴斯蒂安·阿拉尔

布莱兹·迪科

维米尔：
一次展览的加冕礼

“维米尔与风俗画大师”展是 2017 年的亮点之一，这次为期三个月的展览吸引了 32.5 万名参观者。6 月，展览即将移师都柏林之际，我们见到了正处在“后维米尔消沉期”的展览组织干事布莱兹·迪科。

“维米尔展”装配工作期间的布莱兹·迪科

在拿破仑堂举行的“维米尔与风俗画大师”展（2017年2月22日至5月22日）

“粉刷装饰”工作室的玛丽－埃莱娜·德尔凯鲁

一个过程漫长的项目

布莱兹·迪科告诉我们：“作为保管员，每次展览结束时总会有种心碎的感觉，毕竟我们同来自世界各地的大师之作共度了几个月的时光。维米尔展的构思和筹备工作耗时六年，这是十分罕见的。展览的目的在于首次呈现风俗画画家之间相互影响的深刻程度，而维米尔只是他们中的一个典型代表。相比之下，展览的装配工作虽然只持续了三周，但我们精疲力竭的同时又为之感到无比兴奋。整个团队都忙疯了，而我还要同塞巴斯蒂安·阿拉尔一起监督黎塞留馆内北方画派展厅的作品悬挂工作，并且负责组织‘绘出日常’展览和‘莱顿艺术展’，可想而知我的工作时间表安排得有多满！不过，维米尔展的筹备和装配工作给我留下的回忆更加美好。我同布景师胡安·菲利普·阿拉松（Juan Felipe Alarcon）的交流成果颇丰，我们把展览的线路设计成一个由视觉呼应构成的镜子游戏，目的是重新创造出一种与画作较小的尺寸相称的情感氛围。每组作品都以维米尔的画作收尾，我们还精心布置了部分窗格，以突出悬挂画作的墙面，同时保障最佳的安全环境和作品的视觉效果，使作品看上去像一颗颗镶嵌在墙上的宝石。”

“尽管人流密集，
仍然有参观者会聚集到作品前面围观，
这给了我不小的触动。
在维米尔面前，大家说话时都会下意识地降低音量……”
布莱兹·迪科

布莱兹·迪科接着说道：“在我的印象中，展览期间最有趣的事情，除了全世界各个电视台没完没了的采访之外，就是我与《服饰与美容》（*Vogue*）杂志美国版主编安娜·温图尔（Anna Wintour）一同观展了。她表现出了极大的兴趣，问了我一些与维米尔时代的时尚惯例和服饰密切相关的问题。这几年，卢浮宫已经变身魅力之地了……”

l'exposition Vermeer en cours de montage

装配中的维米尔展

绘画作品管理处：

生生不息的作品调动之舞

2017 年 2 月 7 日星期二一大早，我们见到了绘画作品管理处负责人马蒂娜·德帕尼亚（Martine Depagniat）。扎实的艺术史教育，再加上经得起任何考验的旺盛精力，让她能够游刃有余地穿梭于藏品室和展厅，策划和监督展品的调动工作。

安装师与保管员之间的重要一环

“管理员的工作是一项全方位的体力和脑力劳动。我们的部门由 8 位成员组成，与绘画部主任塞巴斯蒂安·阿拉尔密切合作，协调各项需要移动艺术品的项目。从某种意义上说，我们是安装师与保管员之间的重要一环。无论是在展厅里还是在艺术品包装的问题上，我们都负责监督各个层面的操作，时刻保持警惕。”这位经历过各种难题考验的姑娘对我们说道。看着她熟练地组织搬运大画廊里安德烈·德尔·萨托（Andrea del Sarto）那幅沉重的《圆形画》，我们就知道卢浮宫的画作得到细心可靠的照管了。

“作为管理员，
我们与作品本身保持着一种非常重要的联系。
每个人都有各自的工作方式，
至于我，我喜欢与作品零距离接触。”
马蒂娜·德帕尼亚

不远处，一幅安德烈·德尔·萨托的巨型油画运放在带轮画架上，刚刚从展览上运回到这里。文艺复兴前意大利和法国作品的保管人多米尼克·蒂埃博（Dominique Thiébaut）向“她的”油画投去了亲切的目光。这位曾教导过马蒂娜·德帕尼亚的老师告诉我们：“大画廊是圣地，容不下任何质量平庸的作品，连平庸的画框也不行！”

“宏伟的大画廊容不得一丝俗气。
这里的一切都要尽善尽美。”

多米尼克・蒂埃博，
绘画部总保管员

nettoyage des cadres
dans la grande galerie

清洁大画廊内的画框

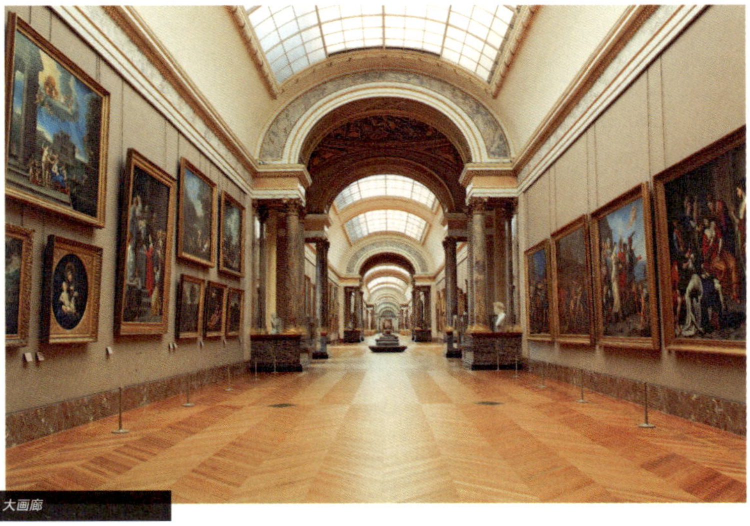

大画廊

每周二，大画廊都是保管员、安装师和养护人员的天下。

la réserve des peintures

绘画藏品室

绘画部（别称“卡鲁塞勒”）的主藏品室散发出的又是另一种完全不同的气息。主藏品室占地 2000 平方米，分上下两层，室内巨大的可滑动铁丝网板上按照流派和尺寸悬挂着 2000 余幅绘画作品。“藏品室可不只是储藏室，保管员和外部研究人员都会来藏品室研究作品，修复师在这里完成简单的修复工作，还会有人来这里拍摄照片。作品出借程序中的大部分操作也是在藏品室里完成的：背面防护安装、画框修复、状况评定、包装以及拆装。”管理员一边说着，一边小心地拉动着一张铁丝网板，向我们展示着弗朗索瓦·布歇（François Boucher）的一幅秀色可餐的裸体画、让-奥诺雷·弗拉戈纳尔（Jean-Honoré Fragonard）的肖像画……

画框藏品室内，3000只精美奢华的画框同样引人入胜。借助艺术史学家雅克·富卡尔（Jacques Foucart）的研究，我们更加深刻地感受到画框对呈现绘画之美举足轻重的作用，以及它在艺术鉴赏史上的重要地位。“卢浮宫收藏着世界上最美丽的古代画框，都是真正的艺术品！”马蒂娜·德帕尼亚激动地说。

研究时间到：
一场展览的诞生

位于花廊的素描陈列室气势恢宏，我们在这里见到了樊尚·德利厄万（Vincent Delieuvin）和路易·弗朗克（Louis Frank），他们正在讨论关于近期列奥纳多·达·芬奇展览的重要科学问题。这两位年轻的保管员形成了完美的合作和互补关系：前者关注列奥纳多的绘画作品本身，后者则致力于翻译16世纪由乔尔乔·瓦萨里（Giorgio Vasari）撰写的画家传记。当两位艺术史学家向我们展示几幅出自大师之手的珍贵素描时，我们的心弦当即被紧紧扣住。

樊尚·德利厄万

“列奥纳多完成的研究比他的绘画作品要多得多，目前已知的达·芬奇绘画作品只有 17 幅，他本人其实是个货真价实的‘码字狂’！”

樊尚·德利厄万

深入了解列奥纳多的思想

“研究一幅列奥纳多·达·芬奇的作品，就是在与一件圣物亲密接触。”樊尚·德利厄万首先说道。2012年，他曾围绕达·芬奇最后一幅名作《圣安娜》举办过一次非凡的展览，而 2019 年的展览则侧重于展现这位画家的思维方法。达·芬奇将绘画视为最高级的学科。“在达·芬奇看来，绘画是对他所有其他研究的一种总结。他是中世纪末期的科学家，热衷于观察和实验。”路易·弗朗克补充道。这位年轻的图像艺术部 16 世纪意大利画派作品保管员十分谦虚地告诉我们：“我喜欢通过文字来尝试更好地理解他的作品。”卢浮宫在这一领域的藏品十分丰富，保存的列奥纳多·达·芬奇素描有 22 幅之多，这也是对比画家手法与素描师手法的绝好机会。“法国博物馆研究与修复中心的工程师完成了一系列检查，包括放射线检查、X 光摄谱、材料分析等，这让我们得以深入了解达·芬奇的创作思维，同时探寻他的技法奥秘以及选材方式。”樊尚·德利厄万高兴地说，他迫不及待地想要看到这一大规模科研项目的结果。

路易·弗朗克小心地取出一幅精美的褶皱帷幔习作，这幅绘于亚麻画布上的作品常年保存在一只避光的纸盒中。画面中的光影效果十分惊人，体现出达·芬奇的老师安德烈·德尔·韦罗基奥（Andrea del Verrochio，画家、金银匠兼雕塑家）对他的深刻影响。更巧妙的是，我们在画面左侧一角辨认出一个年轻男性的优雅身影。这会是达·芬奇的自画像吗？这样想象一下倒也有趣。路易·弗朗克动情地说：“达·芬奇的创作主题跳跃性很强，既有科学草图，又有宗教场景绘画，还有各种习作和肖像画。令人感触特别深的一点是，他的素描作品创作时代久远，那时还没有使用定画液，更不要提修改的痕迹了[1]。这让我们感到似乎与画家处于一种更加亲密的面对面接触之中，仿佛能直接感受到他亲笔作画时的气息，这是非常宝贵的”。

1 素描使用的铅笔属于粉状材料，极易受损。17 世纪之后的艺术家为了将铅笔粉末固定在画面上，就会使用定画液。但是，用过定画液的画看起来就像加了一层薄膜，丧失了原画的生动，而更像是版画。有些定画液的成分还会随时间发生变化，从而变色，让画面看上去犹如加了一层“滤镜”。在达芬奇的时代，画家们还没有使用定画液。

“图像艺术部就像一座图书馆。由于素描画十分脆弱，我们把它们保存在查阅室四周的藏品室里。查阅室本身其实就是一个藏品室。这里的储物柜里保存着成套的素描作品。图像艺术部与佛罗伦萨的乌菲齐美术馆、伦敦的大英博物馆是全世界素描藏品最多的三个地方。艺术史学家、研究学者和收藏家有时会专程远道而来欣赏我们非凡的藏品。” 路易·弗朗克

Louis Frank

路易·弗朗克

绘画部研究与文献处：全球仅此一处

如果说展览的开幕与落幕像是一场演出的始末，那么研究的过程则完全是另一种节奏。一扇毫不起眼的门后，便是成立于第二次世界大战前的绘画部研究与文献处。卢浮宫里的每一幅画作都有自己的档案，这里一共保存了 12000 份档案。研究与文献处尤其受到艺术史学家、收藏家和画商的青睐。在一排排小小的纸盒后面，沉睡着一幅幅艺术品的私密档案。这些档案由剪报、学术文章和漫画组成，反映的是对作品的研究进展和审美的演变，我们可以在这里一连待上几个小时。

阿根廷作家博尔赫斯钟爱各种图书馆和迷宫，他的某部小说里可能就曾经出现过研究与文献处这处朴素而神奇的地方。

La documentation des peintures

绘画作品文献

多米尼克 - 维旺·德农中心：王座上的研究

2016年7月，多米尼克 - 维旺·德农中心在方形中庭内的原国家博物馆中央图书馆设立，这是一个十分适合静下心来阅读和思考的地方。中心的名字取自卢浮宫博物馆第一任馆长。在弗朗索瓦丝·马尔德吕斯（Françoise Mardrus）的指导下，中心为关注博物馆历史和发展的人士——专业人员、研究者、学生，以及具备相关知识的公众——组织各种系列讲座。

一排排图书和杂志、20世纪30年代风格的家具以及高科技装备让这个回忆与研究之所成为分析各种新兴博物馆活动和不同参观人群特征的宝贵工具。中心同时也是一座热情而感性的图书馆，是躲避博物馆喧嚣纷杂的宁静港湾。

弗朗索瓦丝·马尔德吕斯精明能干，曾任卢浮宫大型项目协调员，现为文化遗产保管员，管理着多米尼克 - 维旺·德农中心。博学的她也是最了解博物馆的人之一。

弗朗索瓦丝·马尔德吕斯

伊斯兰艺术部主任雅尼克·林茨在她的办公室接见了我们

雅尼克·林茨："战斗的文化"

在 2017 年这个春寒料峭的 3 月初，伊斯兰艺术部主任雅尼克·林茨（Yannick Lintz）在她的办公室与我们见面，这里堆满了各种待处理的图纸和文件。目前，她既要负责组织伊斯兰艺术部藏品室向列埃文市藏品保存中心的迁移工作，又在筹备 2018 年 3 月在卢浮宫朗斯分馆举办的恺加王朝展，性格阳光、精力充沛的她展现出无法动摇的韧性和乐观。在如此忙乱的时期，她的首要任务之一却是为所有参观者提供普及教育，以澄清一些老套的错误观点。

"至 2017 年年底，
5300 件艺术品将离开藏品室，
送往卢浮宫朗斯分馆，
并最终安置在列埃文市的藏品保管中心。
不过，我想把这种不便转化成一个激励性的项目，
以激发人们对新址的兴趣。" 雅尼克·林茨

“欣赏伊斯兰艺术，
尤其是书籍和细密画的艺术，
一个安静和私密的参观环境是不可或缺的。” 雅尼克·林茨

世界上规模最大的伊斯兰艺术馆藏

“作为保管员，我很喜欢在展厅里漫步，观察参观者，试着猜想他们在欣赏艺术品时的感受，他们有怎样的理解和困惑。我们这份工作的核心之一就是传承知识，消除偏见和危险的观念，所以我们要让参观者知道，伊斯兰艺术并不是单纯的宗教艺术，它有时也会借助形象艺术，它的地域不局限于欧洲与亚洲之间的边界。伊斯兰艺术展厅内也因此设有更多的教育性区域，目前配备有试听和多媒体设施的‘钥匙馆’（Cabinet des Clefs）也将进行更新升级。当然，我们并不会改变橱窗里的陈设物，而是要设计更加流畅、更能突出重点的参观路线，标题和说明卡片的标示也会更加容易辨识。我们这里有世界上规模最大的伊斯兰艺术馆藏，因此我们的责任也非常重大。这里的艺术品涉及12个世纪的历史，覆盖从印度到西班牙的地理区域。参观者每看到一件伊斯兰艺术品，都会思考它的来源、背景和用途。这里并不存在任何永恒不变的规则。”雅尼克·林茨热情地向我们介绍道。

管理这样一个成员普遍年轻的部门令雅尼克感到自豪，她毫不犹豫地使用“战斗的文化”一词来描述她的工作。“如今，‘伊斯兰’这个词经常引发不解和恐惧。让所有人认识到卢浮宫里这个部门的合理性和重要性其实是一场政治战斗。”为了巩固自己的“战斗理念”，雅尼克·林茨时常游走在摆满艺术品的各个展厅，这些艺术品都反映着不同文化与人类天赋的完美结合，比如莫卧儿王朝时期的马头匕首，玉质刀柄上镶嵌着贵重宝石；再比如十字军东征时期装饰着基督教内容的烛台，很可能出自萨拉丁统治时期在阿勒颇和大马士革讨生活的摩苏尔工匠之手。这位深具文化气质的女性时常强调：“伊斯兰世界曾经包容着多种宗教和文明。”

伊斯兰艺术部的一个展厅

（上）在伊斯兰艺术部展厅的玻璃穹顶下讨论。

艺术资助：捐赠的艺术

二十多年来，艺术资助始终是卢浮宫不容忽视的一个资源。无论是埃及墓室的修复、伦勃朗油画的收购还是为“不便亲临”人士开展的社会活动，卢浮宫获得资助的领域一直在不断扩大……

一朵玫瑰的洗礼

2017 年 5 月 31 日星期三，杜乐丽花园成了举办一场节日社交活动的理想之所。这便是为博物馆慷慨的资助人精心组织的“答谢之夜”。当晚，由乔治·德尔巴育苗园与玫瑰园（Pépinières et Roseraies Georges Delbard）特别培育的一枝玫瑰获得了“杜乐丽花园玫瑰”的美名。这枝精致的哑光色调玫瑰花将很快被移植至近几年来入驻杜乐丽花园的品种当中。卢浮宫馆长让－吕克·马丁内兹借活动之机强调了资助的重要性及其日趋重大的意义。在他身旁的是外联部主任安娜－洛尔·贝娅特丽克丝（Anne-Laure Béatrix）和卢浮宫新一任“资助先生”亚纳·勒图埃（Yann Le Touher）。三个人看上去神采飞扬，热情洋溢。

“卢浮宫 49% 的财源来自国家，
其他来源包括门票收入，
以及占很大一部分的场地租金收入和资助。” 亚纳·勒图埃

“每笔捐助的背后都有一个故事。”谈到其使命的精神实质时，亚纳·勒图埃这样说道。态度和蔼、举止优雅的他毕业于卢浮宫学院和埃塞克高等商学院，曾先后就职于多家最富盛名的博物馆机构（奥赛博物馆、蓬皮杜艺术中心和国家博物馆联盟），最终在几年前来到卢浮宫，成为伊斯兰艺术部的企业资助专员。2016 年 10 月 3 日，他被任命为资助人与商业合作伙伴联络处副处长。聊起卢浮宫各位慷慨的捐赠人，他的话匣子一下就打开了。“我举个例子吧，比如蒙特勒伊一所中学里某个班级的师生号召家人和朋友，共同参与修复古埃及帝国贵族阿可特戴普的马斯塔巴[1]墓室。学生同老师一起亲历了项目的每一个阶段，并郑重地把一张支票交到了我们手里。”亚纳·勒图埃回忆说。

亚纳·勒图埃

此外，很多企业也越来越希望将自身形象与博物馆联系到一起，因为后者的光环正在日渐扩大。“一些著名的奢侈品品牌很清楚我们的价值。”亚纳一边向我们解释，一边提到了“崇高”“遗产”“专业技术”等概念。有一件事是毋庸置疑的：无论是科学研究规划还是收购的选择，卢浮宫必须保持完全自主。换句话说，是资助服务于卢浮宫的项目，而不是卢浮宫的项目服务于资助。

1　古埃及贵族的一种石墓。

说到最轰动的资助活动，亚纳·勒图埃眼中闪烁着光芒，提起了《萨莫色雷斯岛的胜利女神》漫长的修复工作。这个项目由日本电视台 NTV 和马克·拉德莱·德拉沙里埃（Marc Ladreit de Lacharrière）创建的控股公司 Fima ac 共同出资完成。另一方面，卢浮宫也在为“不便亲临”人士——如医院、监狱和敏感地区的人士——提供社会责任方面的扶持。“卢浮宫是——并且应该始终是面向所有人开放的世界级大型博物馆。”这是让-吕克·马丁内兹和博物馆全体工作人员的信条。

在金字塔的玻璃窗下

安娜 – 洛尔 · 贝娅特丽克丝

“卢浮宫是一个神奇的想象力乐园，
是一个值得人们深入感受的地方。
在这里，每个清晨的阳光都不一样。”
安娜 - 洛尔 · 贝娅特丽克丝

安娜 - 洛尔 · 贝娅特丽克丝：一位满怀信心的女性

“我在 2010 年来到卢浮宫，加入了亨利 · 卢瓦雷特（Henri Loyrette）领导的小小的沟通团队。能够参与伊斯兰艺术部成立和卢浮宫朗斯分馆开馆这样精彩的项目，令我感到万分喜悦。见证一座博物馆的诞生是一件激动人心的事情，我当时也是全身心地投入了项目之中。我还记得那时穿着靴子、戴着头盔下工地……我也因此有幸与让 - 吕克 · 马丁内兹共事，时间长廊（Galerie du Temps）就是他与樊尚 · 波马雷德一同设计的。我们配合十分默契，因为我们都曾经接受过历史学教育。

“让 - 吕克 · 马丁内兹在 2013 年 4 月当选馆长后，决定深入调整卢浮宫的组织机构，提高部门间合作的效率，我也因此成为外联部主任，负责接洽资助、沟通、公众事务和艺术教育等工作。我最关注的工作内容之一是小画廊的运行，那里是对儿童、在校生以及肢残和视障人士进行历史启蒙教育的绝佳场所。小画廊完全由标致雪铁龙集团（Peugeot PSA）资助，也会为不同场所的受众提供巡回展览，比如在监狱和医院里。巴黎沙滩节期间，也在塞纳河畔的码头上展出。在卢浮宫工作，每天都有小惊喜，极少有职业能够制造出这样的感受。卢浮宫也让我对人性充满信心，因为它的身上有着人类至美造物的痕迹。”

盛大的晚会！

卢浮宫刚刚闭馆，便迫不及待地开始书写崭新的一页。2017 年 6 月 20 日，天气炎热，卢浮宫里为卢浮宫美国友人协会的成员举行了一场精心筹备的晚宴。三百人蓄势待发，做好准备在几小时内将博物馆变为一个安全的欢庆之地。相对凉爽一些的中世纪卢浮宫里，一名花卉设计师正在搭配精美的花束；不远处，一张张餐桌已经摆放到位……我们又见到了安娜－洛尔·贝娅特丽克丝，陪在她身旁的助理娜塔莉·屈西尼耶（Nathalie Cuisinier）正一丝不苟地监督着晚宴组织工作的每一个细节。

（上）活动花卉设计师法比亚纳·德康（Fabienne Descamps）为晚宴制作了 26 个花束。“不过我尝试了八次才得到我想要的效果。”

卢浮宫金字塔夜景，这里经常用于组织专门针对资助活动的晚宴。

博物馆的“第二次生命”

“我是在 1997 年来到卢浮宫的。从法国新闻专员学院毕业后，我先是在传媒与活动策划领域的私企工作了一段时间。我是一个喜欢实干的人，热衷于管理工作。当法国新闻专员学院的一位老师告诉我卢浮宫有一个资助方面的岗位空缺时，我马上投了简历。二十年过去了，我的工作发生了巨大的变化，我本人也感到非常满意。”娜塔莉·屈西尼耶（Nathalie Cuisinier）高兴地对我们说。

二十年间，博物馆完成了一次社交意义上的真正蜕变。诚然，它们依旧是保存、研究与知识的天地，但也开始对外出租场地，用于诸如电影或电视节目拍摄、晚宴甚至时装秀等营利性活动。“2017 年，令我们印象最深刻的无疑是路易·威登的秋冬时装秀，这场活动于 3 月 7 日在马利中庭举行，聚集了 1000 名观众。我们面临着巨大的挑战，安全措施也极其严密。我们不得不只用一晚的时间就完成装饰和灯光的组装，不过结果还是相当圆满的，卢浮宫的绝美照片传遍了世界各地。”娜塔莉调皮地笑着说。

“夜晚的卢浮宫完全是另外一番景象，
里面会出现钢琴、花园、鲜花、椅子和灯光，
第二天早上，
一切又像变魔术般消失不见。
这样的变身离不开工作人员在幕后的辛勤付出。
我们这份大乐谱上的每个音符都要准确！”

娜塔莉·屈西尼耶，
外联部主任助理，活动与摄制副干事

曾将卢浮宫形容为“乐园”的安娜-洛尔并没有忘记，对卢浮宫来说最重要的始终是前来参观的公众。娜塔莉也保证道：“哪怕今晚金字塔下要举办一场摇滚音乐会，或者中世纪卢浮宫要举行 250 人的晚宴，一切活动痕迹到明天早上都要彻底消失。”

LE MUSÉE DU LOUVRE
FONDÉ LE 16 SEPTEMBRE 1792
PAR DECRET DE L'ASSEMBLÉE LEGISLATIVE
A ÉTÉ OUVERT LE 10 AOUT 1793
XÉCUTION D'UN DÉCRET RENDU PAR LA CONVENTION
GALERIE D'APOLLON

请安静，我们在拍片子呢！

卢浮宫已经完全成为电影拍摄的对象。从纪录片到故事片，再到电视节目，卢浮宫每年要接待近四百次取景或拾音活动。尽管存在技术上的限制，安保要求也十分严格，卢浮宫仍然会收到源源不绝的拍摄请求。2017 年 6 月 15 日晚 6 时，我们在阿波罗廊见到了负责卢浮宫拍摄活动的“好心仙女”卡罗琳·达迈（Caroline Damay）和伊莎贝尔·德博恩（Isabelle Deborne）。这里眼下正在拍摄由斯特凡纳·伯恩（Stéphane Bern）主持的法国热播电视节目《历史的秘密》。这位真正的专业人士毫不迟疑地变换着各种取景，在卢浮宫里显得十分轻松自在，毕竟，他从童年时代起就是卢浮宫的常客了。

“我担任拍摄处负责人一职已经一年半了。
我是伊莎贝尔·德博恩一手带出来的，
她记得在卢浮宫完成的所有拍摄。
在卢浮宫里进行拍摄需要高超的技巧和十足的耐心。
2016 年美国导演派蒂·杰金斯（Patty Jenkins）
在这里完成了《神奇女侠》的部分拍摄。
为了片中一个几秒钟的镜头，
她的拍摄团队早上 6 点就来到卢浮宫，
随后从上午 8 点到下午 2 点进行了数不清的取景和拍摄。
以色列女演员盖尔·加朵（Gal Gadot）很有亲和力，
还试着跟卢浮宫的工作人员讲法语呢！”

卡罗琳·达迈

卡罗琳·达迈

伊莎贝尔·德博恩

“美学育人”

斯特凡纳·伯恩对我们说：“我从 12 岁起就成了卢浮宫的常客。那时，我从父母位于巴黎第 17 区的公寓步行去卢浮宫。我对历史和君主国的兴趣大概就是在卢浮宫的展厅里萌发的。我对法国绘画展厅钟爱有加；光是想到要去欣赏让 - 马克·纳蒂埃（Jean-Marc Nattier）的一幅油画作品，我就无比开心。艺术品部也是我的至爱。另外，雅克·加西亚对 18 世纪艺术品展厅的翻新太不可思议了，甚至让我感觉那些艺术品自始至终就在展厅里，从未离开过。我们应该让更多来自敏感地区的孩子去卢浮宫参观，因为美学是可以育人的……我自己也深信，没有卢浮宫，就没有今天的我。我很感谢这座博物馆对我个人品位的锻造。”

斯特凡纳·伯恩

“艺术品部的重要性仅次于绘画部。
这里的藏品类型多样（首饰、金银制品、珐琅工艺品、象牙制品、次贵重宝石、家具、挂毯等等），
装饰华丽，就像一个精美的珠宝盒。
很多电影和纪录片都希望在这里取景，
这绝非偶然。
在这里的展厅漫步，
就是在品味几个世纪的法式生活艺术。”

雅尼克・迪朗（Jannic Durand），
艺术品部主任

Jannic Durand

雅尼克・迪朗

“这里保存的 18 世纪珍品中，有一件是我不得不隆重介绍的，那就是摄政王奥尔良公爵菲利普送给妻子弗朗索瓦丝-玛丽・德・波旁的一套别致的茶具，它淋漓尽致地反映出了法国历史上这一时期的特点：典雅、私密，还有一丝异域风情……”

（斯特凡纳・伯恩）

Christine Cuny

克里斯蒂娜·库尼

Coralie James

科拉莉·詹姆斯

沟通的艺术

每天，这五名女性都要回答记者各种迫切的提问。新闻处负责人苏菲·格朗日一边撰写新闻通告，准备采访，一边向我们讲述着这一职业的演变。

Céline Dauvergne

塞利娜·多韦涅

Marion Benaiteau

马里翁·贝奈托

苏菲·格朗日，新闻处负责人

“每天上午都会有一名档案员来做报刊摘要，统计所有与卢浮宫博物馆有关的文章。这项工作十分重要，因为记者们总会相互借鉴：《巴黎人报》或者《星期日报》上一刊登大文章，我们就知道它一定会催生其他文章！每逢写到博物馆，必定会提卢浮宫，因此我们经常会被问到关于文化遗产和文化政策方面的问题。我们为每一个主题量身定做一个文件夹。此外，针对某一个具体事件，如‘巴黎沙滩节’，或者某一份言辞苛刻的展览评论文章，比如针对瓦伦丁·德·布洛涅画展的评论，再或者卢浮宫金字塔下方的重新布置施工等活动，我们并不会联系相同的记者。另外，新技术的出现和媒介的增多也让记者的取向发生了变化，我们不得不提高反应速度，预先准备好应对负面新闻。在社交网络的影响下，也逐渐形成了一种特定的精神状态，我们经常能感到记者抱持着一种怀疑的态度。连我们的馆长也没能躲过成为争议对象的命运，不过他很善于平息争论，并且深谙媒体的截稿时间。

“不得不承认的一点是，专攻某一方面问题的记者越来越少了。因此，我们就要学会如何激起他们的好奇心和欲望。

“我们团队里的每个人都有一个特别的兴趣点：塞利娜已经在新闻处工作十三年半了，主要负责处理与画展有关的问题；克里斯蒂娜喜欢跨部门和制度方面的主题；科拉莉负责考古展览、收购和现代艺术；马里翁则主要处理图书和杜乐丽花园的相关问题。不过这样的安排并不是一成不变的。我们有幸与保管员建立了优先联络的关系，他们都是很特别的谈话对象。”

图书、电影与数字

博物馆只面向一小部分专家发行展览目录的日子已经一去不复返了。如今，用来呈现知识和展品的媒介数不胜数，如漫画册、互联网、纪录片、儿童读物和各种手机应用等等。卢浮宫用尽浑身解数，以期培养和吸引公众，并激发他们的想象力。在大批游客涌入“卢浮宫号邮轮”的这个 6 月，我们见到了出版与影视制作部副主任洛朗斯·卡斯塔尼（Laurence Castany），她正在测试新推出的参观辅助应用程序。这位年轻的姑娘打算让卢浮宫全面进入数字时代。

洛朗斯·卡斯塔尼，出版与影视制作部副主任

“我在 2007 年来到卢浮宫，在大学教师兼作家阿德里安·戈茨（Adrien Goetz）的帮助下，与维奥莱纳·布韦 - 朗塞勒（Violaine Bouvet-Lanselle）一同创办了《大画廊》杂志。第一期杂志是 2007 年 9 月发行的，如今马上就满十周年了！这其实是一场有趣的赌博，因为我们要创办的是一份与博物馆藏品和活动安排有关的艺术类杂志。让 - 吕克·马丁内兹对博物馆进行深度改组期间，出于跨部门合作的考虑，成立了沟通协调和文化节目策划部，我便开始负责出版与影视制作部的工作，针对不同人群提供各种媒介形式的系列出版物：图书、网络、手机应用和视听设备。

“幸运的是，我手下有一个二十多人的团队，成员们的关注点和技能各不相同。此外，我们还与博物馆的各个业务和职能部门开展密切合作。

“宣传展品是我们的首要任务，而宣传工作既涉及科学目录、精美的图书和网上作品简介等‘传统’出版方式，也包括创新的出版手段，尤其是漫画、新型视听写作和专门用于呈现名作的网络互动模块‘焦点’(Focus)。我们还为博物馆的参观提供辅助：无论是网站、语音导览、辅助应用还是‘纸质指南’，我们都要尽可能地为参观者了解藏品提供一切便利。我们的优先任务就是让每个人都找到获取知识的理想途径，这就需要我们灵活变通，关注参观者的一举一动，尤其要懂得如何讲故事才能激发参观者的求知欲。在一个到处是图像的世界里，我们提供的语音纪录片能够引起参观者的无限遐想。数字技术也十分重要，可以用于展现所有在卢浮宫进行的研究。我们还应该继续把卢浮宫推广到国际科研平台上去。”

洛朗斯·卡斯塔尼和埃米利安·杜邦

“无论是在家中，在拿破仑中庭里，
还是在玻璃金字塔下，
都可以下载卢浮宫的手机应用。
有了这个应用，参观者就有了自己的向导：
无论在博物馆还是在花园都可以随时定位，
知道某个艺术品的位置以及如何找到它；
还可以通过应用购买门票，
查询活动安排和找到所有服务设施。”

埃米利安·杜邦(Émilien Dupont)

瓦莱丽·库丹（Valérie Coudin），
《大画廊》主编

“《大画廊》是一份 104 页的季刊，每期印刷 52000 份，可以订阅，也在报刊亭出售。杂志的大部分文章都由保管员撰稿，同时适合普通大众和专家阅读。我和编辑部主任阿德里安·戈茨一同策划选题，由他确定目录，并校读所有文章。经常有人对我说，《大画廊》就像是卢浮宫的‘电视新闻’，通过这份杂志可以了解到博物馆每个部门的动态。”

法布里斯·杜阿尔（Fabrice Douar），
卢浮宫“漫画先生”

“自从 1994 年看到尼古拉·德·克雷西（Nicolas de Crécy）的传奇漫画集《佛里加托》（*Foligatto*）之后，我就爱上了漫画。那部漫画集堪称天外之物，是真正的艺术品。2003 年，我在维奥莱纳·布韦 - 朗塞勒的团队里担任目录编辑时，产生了创作卢浮宫系列漫画的念头，我认为这是让两个相互陌生的世界产生交集的理想方式。对于绝大部分博物馆爱好者来说，漫画完全是一片未知领域，而在很多漫画作者和读者眼中，卢浮宫又只是一个老掉牙的博物馆。于是，我向亨利·卢瓦雷特提交了方案，这一下子就引起了他的兴趣。随后，我又邀请尼古拉·德·克雷西来绘制系列漫画的第一期，但是并没报什么希望。令我感到惊喜的是，他立刻就同意了！《冰期》（*Période glaciaire*）漫画集于 2005 年开始与未来城出版社（Futuropolis）合作发行，取得了巨大的成功。从那以后，漫画集的内容就全权交给各个国家和地区（法国、意大利、亚洲等）的漫画作者，我们也发展出一批与展览目录读者完全不同的读者群。这是最令我感到自豪的一件事了！”

维奥莱纳·布韦-朗塞勒(Violaine Bouvet-Lanselle)，
卢浮宫出版物的“神甫”

“1988年起，我开始在米歇尔·拉克洛特(Michel Laclotte)和让·加拉尔(Jean Galard)手下工作。起初，我的工作内容就是制作参观辅助工具。我设计了一系列用六种语言书写的‘知识卡’和活动板，放置在展厅里，供参观者取用。我又先后在1990年和1992年推出了为儿童设计的‘艺术淘金者’系列和‘独唱’系列，后一个系列的形式是用一册书深入解读一件艺术品。2001年开始，我们陆续推出了一大批针对普通大众或者青少年的指南和书籍，法布里斯发起的漫画系列又为我们这项拓展读者群的工作锦上添花。2004年，我们成为展览目录和科学读物的负责人。2007年，我创办了《大画廊》杂志，由瓦莱丽和阿德里安·戈茨担任主编，每年推出约35期。我们这个充满活力的团队里，除了法布里斯和瓦莱丽，还有卡特琳娜、克里斯蒂娜、卡米耶、狄安娜和柯莱特，他们为法国和外国读者、专业与业余读者，以及儿童读者提供服务。我们在科学刊物方面的出版计划也令我倍感自豪。2016年，在经历了十年的潜心准备后，我们推出了巨制《卢浮宫的历史》(*Histoire du Louvre*)。在我们身边，还有一些私人出版商在默默付出，没有他们，也就没有今天的我们。卢浮宫出版人是一份充满激情又需要一颗恒心的职业。”

一千个人眼中
有一千个卢浮宫

在探访卢浮宫的漫长路途中，我们看到过不少人手中拿着一支笔或者一本书，沉浸于遐想，或专注于思考。他们向我们讲述了自己的习惯、偏好和秘密路线。无论是临摹者、报告人、教授、修复师，还是学生、艺术家和作家，每个人都与卢浮宫建立了一种特殊的联系，并发展出各自独特的习惯。他们经常在博物馆每天开馆时就来，或者在接近午夜游客都走光后流连于各个展厅；有人在这里工作，也有人在这里学习，大部分人则纯粹是为了享受艺术而来。他们都热爱着卢浮宫。

西格里德·阿夫里耶（Sigrid Avrillier），临摹者、出版商

她是卢浮宫少有的几名授权临摹者之一。曾经当过物理教师的她近几个月来一直把画架立在安格尔（Ingres）的《大宫女》前面，目前的临摹效果已经令人浮想联翩了……

“7 年前，卢浮宫改变了我的生活。通过绘画和临摹，我又对卢浮宫博物馆有了新的认识：它是世界上最美丽的画室！我每天早上 9 点整来到这里，在尚且空旷的展厅里漫步，那种幸福感是无法言喻的。进入空无一人的大画廊，把画架支在如此之多的艺术瑰宝中间……我在卢浮宫的临摹处女作是克洛德·洛兰（Claude Lorrain）的一幅作品，它也催生了我的第一本书：《从无限大到无限小》（*De l'infiniment grand à l'infiniment petit*）。2014 年，这本书由马桑塔出版社（Macenta）发行，连这家出版社都是我专门为此创建的！随后我又先后出版了关于蓬托尔莫和鲁本斯的作品。

“从此，我的生活因为临摹和出版这两项活动而充实起来。除了周二和周日，我每天早上都会去卢浮宫，还渐渐形成了一种惯例：下午 1 点 30 分，我会让一名接待与监管员把我的画作放在临摹者专用的场所。理论上说，卢浮宫为我们提供了 80 个画架，而实际上我们并没有那么多人……临摹者之间也建立起了友谊，我们切磋技法，对比各自的画室用具。

“你知道吗，当我们犯下与原作画家相同的错误，或者某个地方的颜色溢出时，我们就能真切地感受画家最初创作时的那些动作。在这种时刻，我们就仿佛进入了某种神秘主义的状态……”

弗朗索瓦丝·贝松（Françoise Besson），
国家博物馆联盟大皇宫报告人

清晰的吐字发音，颇具戏剧性的手势，弗朗索瓦丝在这个周六早上带领一群人走入了古罗马和古希腊肖像展厅。

“我记得小时候就常来卢浮宫。最初的震撼来自埃及展厅……很多年后，我在卢浮宫学院选修了阿兰·帕斯齐耶（Alain Pasquier）的希腊考古课，就此重燃了对神话学的兴趣；同时，为了完成学业而参加的那些参观讲座也让我深刻领悟到知识传承的重要意义。1988 年 12 月，我通过了国家博物馆报告人招聘考试。从那以后，我时刻注意不忽视任何参观者，保持答疑解惑的热情。近几十年来，参观者的需求确实发生了显著的变化，不过，引导参观者关注艺术品，与他们分享我的知识和热情，对我来说始终是一项挑战。”

尼古拉·德·克雷西，
法国漫画家与插画师

他创作的漫画集《冰期》2005 年甫一出版便大获成功。他向我们讲述了这段经历对他的深刻影响。

“自从有了这张宝贵的胸牌，我每周二都要在卢浮宫的展厅里徜徉，寻找灵感。两三个月过去了，我并没有任何真正意义上的收获……为了创作漫画集而享受如此巨大的自由还是让我挺不知所措的。后来，我偶然看到一张在冰岛拍摄的照片，照片中是一座被厚达两米的积雪掩埋的停车场。就在那时，我萌生了这样的构思：卢浮宫被冰层覆盖，而‘未来的考古学家’发现了它。接下来的一切就都很快成形了。”

贝内迪克特·特雷莫利埃（Bénédicte Trémolières）和
克劳迪娅·辛达科（Claudia Sindaco），
绘画修复师

我们见到她们时，她们正在保养刚刚摘下的欧仁·德拉克洛瓦的画作《希阿岛的屠杀》。她们都曾是法国艺术品修复学院的学生，在大画廊里，她们满怀热情地向我们讲述了她们的职业。

“我很小就开始画画。18 岁那年，我偶然观看了一部关于威尼斯彩绘玻璃窗修复的纪录片，从此就坚定地走上了自己的道路：我要成为一名绘画修复师！ 20 世纪 90 年代末，卢浮宫开始对外招聘。我还记得我为卢浮宫修复的第一幅画作，那是 18 世纪某位艺术家创作的一幅《维纳斯与丘比特》……最令我自豪的事情还是我和一位同事对 16 世纪托斯卡纳画家达尼埃莱·里恰莱利（Daniele da Volterra）的《大卫挑战歌利亚》的修复。这次修复工作十分漫长，从 2006 年一直持续到 2008 年。我们对于接手这份工作感到异常激动，因为这幅画自路易十四时期以来从未进行过修复。目前，这幅画在大画廊展出，参观者可以欣赏到画作修复后的艳丽色彩。

“此外，我还有幸在国家文化遗产学院做了 16 年教师，培养未来的修复师也是我的责任。”

克劳迪娅·辛达科

“我的志向诞生于与一位修复师的邂逅，她在自己的画室里接见了我。那里的感觉好极了，令人愉悦的杂乱无序一下子迷住了我。她也是一位画家，对我倾囊相授。有一天，她让我给一幅画作做简单的润色。从此，我便一发不可收拾……

“18 岁起，我便以临摹者的身份经常光顾卢浮宫。当时的绘画部主任让-皮埃尔·库赞（Jean-Pierre Cuzin）允许我们每周二都去参观大画廊！不过我直到 1996 年才开始为卢浮宫博物馆修复画作。一般来说，我一年只修复一到两幅画，因为修复是一项需要时间、安静和私密的工作。我们要聆听画作的倾诉，是它在指引我们……”

贝内迪克特·特雷莫利埃

马杜兰·荣榭尔（Mathurin Jonchères），
卢浮宫学院二年级学生

在具有“重要战略意义”的快餐厅里，他自豪地向我们介绍了卢浮宫学院。学院的一大特点便是，它位于全世界最大的博物馆之中！

“能够成为这所学院的一分子，是一件值得自豪的事情，然而我们一直在这里，对周围的环境习以为常，几乎都要忘记自己身在卢浮宫了：想到有些人远道而来参观的卢浮宫早已成为我们的第二个家，我很有感触。能够与艺术品直接接触，这样的体验是任何东西都无法替代的。我们有些教授是讲故事的高手，比如卢多维克·洛吉耶，他简直是学院的传奇……”

帕特里斯·亚历山大（Patrice Alexandre），
雕塑家，巴黎国立高等美术学院教授

我们在古希腊陶器展厅里见到了被美术学院学生包围的他。

“经过古希腊、伊特鲁里亚和古罗马文物部首席保管员维奥莱娜·雅迈（Violaine Jeammet）的协调，卢浮宫邀请美术学院材料 / 空间中心的 17 名学生在镜廊（Salle des Verres）和查理十世长廊（Galerie Charles X）展出他们自己的作品。我告诉他们，这既是一项殊荣，也是一次巨大的挑战。阿尔贝托·贾科梅蒂曾经频繁造访卢浮宫，在那里创作绘画。对我来说同样如此：卢浮宫永远是一个了不起的灵感源泉。”

阿德里安·戈茨，
艺术史学家，作家

我们在展厅里遇到他时，他正在为其担任主编的《大画廊》杂志寻找题材。阿德里安·戈茨还是一位小说家，他将卢浮宫视为刺激构思与激发创作灵感的地方。

“在我创作小说时，卢浮宫就是一座飒飒作响的历史与传说之林，几乎我所有的小说都取材于卢浮宫。站在安格尔的《大宫女》前，我会想到讲述一幅与它类似的遗失之作的传奇。安格尔将它视为自己的巅峰之作，并倾尽一生想要找到它——这就是《那不勒斯的睡女》。不过我喜欢的不只是卢浮宫的艺术作品，保管员的小圈子也时常给我灵感。于是我创造了佩内洛普这样一个女主人公，她通过了国家文化遗产学院的考试，一直梦想能在全世界最美丽的博物馆里获得一个职位。我给她的职业生涯设计了不少阻碍：她从凡尔赛跑到威尼斯，从吉维尼的莫奈花园跑到摩纳哥海洋博物馆，却始终没有忘记在卢浮宫的科普特文化展厅里工作的梦想，那才是她真正的兴趣所在，而她也终将在那里扮演起一个角色……对我来说，卢浮宫博物馆还是一面镜子，反映着这个世界的痛苦。这也是我时常来这里参观的原因：卢浮宫是灵感的源泉，更是一个生命之所。”

卢浮宫
与杜乐丽花园

提起“卢浮宫”，绝大部分参观者联想到的都是那个气势恢宏、从法国王宫变成全世界最大博物馆的地方，现在他们知道了，这个词还包含着与博物馆密不可分的其他几个场所。

杜乐丽花园是卢浮宫空间和情感上的一种延伸，也是一座露天雕塑馆，还是一个生态与景观试验室。欧仁－德拉克洛瓦国家博物馆作为一颗散发着热情的耀眼明珠，与卢浮宫绘画部的杰出藏品交相辉映。它重现了画家德拉克洛瓦的创作环境，为参观者提供了一种徜徉于画家作品与花园中的诗意氛围。

杜乐丽花园：一座试验室

在过去很长一段时间里，杜乐丽花园由国家古迹中心管理，目前已由卢浮宫博物馆建筑遗产与花园管理处接管。花园内有 3000 棵树、占地总面积达 6000 平方米的花坛、6 座水塘，还有约 200 个瓶饰和雕塑。这里既是一座露天博物馆，也是一个休闲和交际的场所。

这座花园曾经只对王室开放，如今则聚集了运动员、时尚摄影师、园艺爱好者、文化遗产迷、前来享受蹦床和旋转木马的儿童、卖冰激凌和纪念品的小贩、卢浮宫学院的学生、游客、恋人……不过，杜乐丽花园并不只是一座公园，它也是景观、生态与科学创新的非凡动力。花园的管理团队由一名园艺工程师领导，成员包括一名雕塑文化遗产保管员、两名（“植物”专业）艺术工程监理以及负责种植和悉心呵护园内植被的（17 位）园艺师。

杜乐丽花园渐渐醒来……

2017 年 3 月 16 日一大早，我们见到了卢浮宫与杜乐丽国家公园花园处副处长伊莎贝尔·格莱（Isabelle Glais）。她绾着棕色发髻，戴着一副小圆框眼镜，身旁站着的是餐馆与报亭特许经营负责人弗朗索瓦丝·博纳维亚勒（Françoise Bonnevialle），花园里欢声笑语此起彼伏的冷饮摊和旋转木马的特许经营也由她负责。波摩纳露天咖啡馆（La Terrasse de Pomone）的服务员身着传统的黑色马甲，正在摆放椅子，支起巨大的红色遮阳伞；远处的巴黎消防队第 43 连迈着机警的步伐，即将结束晨间慢跑；几名运动员在教练的注视下做着伸展运动；花坛里，园艺师们已经忙碌起来。早上 8 点 30 分，杜乐丽花园渐渐醒来……

Isabelle Glais
伊莎贝尔·格莱

8h, footing des pompiers au jardin des Tuileries

早上 8 点，杜乐丽花园里的消防员正在慢跑

从给小嘴乌鸦套脚环到放牧

“杜乐丽花园是一座不断创新的试验性公园。亨利四世命人在这里种下了第一批桑树，用于养殖家蚕；安德烈·勒诺特尔（André Le Nôtre）设计了这条壮观的林荫大道，可以一眼望到香榭丽舍大街，还将高加索的七叶树树苗引入了杜乐丽花园；1783 年 12 月 1 日，在数千人面前，巴黎科学家雅克·亚历山大·塞萨尔·夏尔（Jacques Alexandre César Charles）在这里第一次试飞了氢气球；1898 年 6 月 15 日，同样是在杜乐丽花园，举办了首届车展。”伊莎贝尔·格莱不无自豪地告诉我们。这位国立农学院的毕业生“纯粹出于爱好”获得了花园史博士学位，悉心照料着自己辖下的每一寸土地。从为麻雀安装孵笼，到游园者可在月光下漫步于花园小径的“猫头鹰之夜”活动，伊莎贝尔·格莱不断推出各种创新举措，让杜乐丽花园成为一个兼具生活气息和试验功能的场所。

“杜乐丽花园一直是一个节庆场所，当年皇室游行和革命节[1]都是在这里举行的。2014 年，弗朗索瓦·奥朗德总统在这里举行第一次世界大战士兵纪念活动，花园里还为此设立了一片露营地。”

伊莎贝尔·格莱

1 法国大革命结束后的 1791—1799 年，法国政府会组织各种革命节来庆祝重大事件（如收复土伦）。

Pesée de corneille

为小嘴乌鸦称重

在花园的几位常客中，我们见到了国家自然历史博物馆保护生物学家兼常见鸟类时间追踪（STOC）计划协调员弗雷德里克·日盖（Frédéric Jiguet）。这位鸟类学家身着保暖的滑雪衫，正准备进入一只巨大的笼子，在我们惊奇的目光注视下，为两只小嘴乌鸦佩戴脚环。这些“迷人的小家伙”身披长长的黑色羽毛，长着尖尖的小嘴，同时也狡猾得很。“小嘴乌鸦非常聪明，行为也很有个性。遭到围捕时，它们的攻击性就会越来越强。园艺师不太喜欢小嘴乌鸦，因为它们会为了吃到幼虫而掘出植物的根。为了应对它们的侵害，园艺师甚至不得不配备‘防鸦型’垃圾桶这样的市政设施。”弗雷德里克·日盖介绍说。据他称，从2015年7月以来，他已经为150只小嘴乌鸦安装了脚环。

“我也为植物园的鸟类安装脚环，而且我发现，鸟儿会在这两座公园之间穿行。”他补充道。脚环的颜色可以区分鸟类的来源地：杜乐丽花园的使用红色脚环，植物园的使用白色脚环。

不过，动物保护协会大可放心：安装脚环的操作完全无痛，其目的主要是研究巴黎地区鸟类的行为和迁移情况。弗雷德里克·日盖以惊人而娴熟的技巧测量了乌鸦的舌头和翅膀的长度（有近20厘米！），随后将这些“受害者”放归空中。放飞之前，他从每只乌鸦身上拔下一根黑色长羽毛，用来进行“分子性别鉴定”。

冬季的杜乐丽花园水塘，背景为巴黎摩天轮。

距离乌鸦笼不远处，又是另一番景象。梳着标志性金色长发辫的“蓬蒂切利先生”（Monsieur Ponticelli）可是杜乐丽花园里的“明星”。他的工作是用一只抄网和一把扫帚来完成枯燥的水塘清理。“你可不知道我从水塘里都捞出过什么东西来！有动物尸体，有硬币，还有首饰呢！”他微笑着告诉我们。

杜乐丽花园里一个熟悉的身影：掌管水塘的“蓬蒂切利先生”。

jardin des Tuileries, 8h30

杜乐丽花园，上午 8 点 30 分

骑在自行车上的弗朗索瓦·布沙古，像是刚从雅克·塔蒂电影中跑出来的人物。

杜乐丽花园里的另一个老面孔是弗朗索瓦·布沙古（François Bouchacourt），身高两米的他正骑坐在自行车上。他举止优雅，彬彬有礼，令人不禁联想到电影人雅克·塔蒂（Jacques Tati）……布沙古曾经是卢浮宫学院的学生，如今成为杜乐丽花园的接待与监管员，为参观者提供信息和讲述趣闻，可谓一把好手。为了让乘兴而来的各类参观人群都不虚此行，他和另外八位同事都参加过特别培训。“我们每周六下午三点半都会在卡鲁塞尔凯旋门前与感兴趣的人进行交流。他们普遍对我们的讲述感到满意，因为他们意识到我们是真心热爱这里的植物和艺术品。”弗朗索瓦·布沙古说完，重新骑上自行车离开了。

两只山羊在“保留园区”（jardins réservés）的排水沟内平静地吃着草，这画面看上去有些违和。对此，伊莎贝尔·格莱解释道：“在排水沟的斜坡上剪草对于园艺师来说太危险了，所以我们就求助于这几只来自郭登丹的食草动物。它们是上周来到这里的，将在十月的淡季返回。这种放牧除草法既环保、经济，又符合可持续发展规律，这也体现了我们将动物重新引入杜乐丽花园的愿景。游客有时会担心这些动物的待遇，在这方面，他们同样可以放心：我们为动物架设了房屋，以应对恶劣天气，并且每天为它们提供充足的水和盐分。”

午饭时间快到了；又有新的游客来到杜乐丽花园，在小嘴乌鸦贪婪的目光注视下野餐。人与动物就这样同处一地，虽然关系并不总是那么和谐……

Arbre de Judée

南欧紫荆

“在杜乐丽花园里，有两类恋人：
一类是公开恋人，一类是地下恋人。
不知道为什么，前一类都集中在花园北部，
后一类则偏爱花园南部。”

弗朗索瓦丝·博纳维亚勒

Les jardiniers des Tuileries

杜乐丽花园的园艺师们

一次导览

两周后，我们重返杜乐丽花园，与首席园艺师助理塞巴斯蒂安·西雷（Sébastien Ciret）继续在花园中漫步。每逢欧洲工艺职业日，这位年轻人都会为一小群园艺和植物学的狂热爱好者提供导游服务。他腋下夹着花园的地图，向他们讲述杜乐丽花园历史上的重大事件，从1564年凯瑟琳·德·梅第奇王后创建这座“意大利式花园”，一直讲到近几年花园的景观创新举措。这也是向公众介绍园艺师的绝佳机会，此刻，园艺师们正在春日的暖阳下辛勤工作。

“我们花坛的形状极具现代感。
比起保持历史性来，
我们更注重创新。”

塞巴斯蒂安·西雷

Entretien des topiaires

树木修剪

季节的轮回

“冬季结束后，我们关心的一个主要问题就是草坪的保养。大约 15 名园艺师来处理如此面积的草坪，看上去人手充足，实际上并不够。我们每周都要用一辆拖拉机过一遍草坪，拖拉机上安装着带小刀片的滚轮。这是清除枯草最有效的方法。雏菊是我们的主要敌人，我们希望能够彻底清除这种植物，因为它的叶子会在花坛上留下很大的斑点。这项工作在今年显得更加艰难，因为今年我们首次放弃使用化学制品。”马蒂亚·弗勒里（Matthias Fleury）告诉我们——他的姓氏似乎注定了他的命运[1]。然而，对于每年接待 1400 万游客的杜乐丽花园来说，最大的破坏还是来自每天被丢入草坪和花坛的废纸和烟头……在一小群游客的注视下，园艺师弗勒里开始展示如何修剪树木。“只需要一把木制量规，就能将灌木和树木打造成我们想要的形状：金字塔型、圆形、云朵的形状等等。”马蒂亚·弗勒里一边说，一边灵活地操纵着他的整枝剪。剪枝的工作始于中世纪前，之后由勒诺特尔进行改良，以适应当时的潮流。后来，帕斯卡尔·克里比耶（Pascal Cribier）和路易·贝内克（Louis Benech）又做了进一步改进，他们两人也在 1990 年摘得了由杰克·朗（Jack Lang）组织的杜乐丽花园翻新竞赛的桂冠。这两位园林设计师并无意重塑路易十四时期花园的景观，更何况没有人准确地知道花园在那个时代的确切情况，并且这种景观只维持了很短时间。因此，他们更倾向于保留花园逐年演变的痕迹，同时重新赋予花园一种整体感。花园内始建于法国大革命时期的半圆形长石凳被水流环绕，“保留园区”入口的排水沟也得以沿用。此外，他们并没有模仿勒诺特尔式花圃，而是设立了可以让园艺师充分发挥想象力的花坛。“不过，我们还是要考虑全年不同花卉的花

1　Fleury 中包含法语的“花朵（fleur）”一词。

“卢浮宫的六十多棵橙树是由我来负责的。
冬天，我们会把这些树
移至莫东（Meudon）橙园，
与橘树、石榴树和柠檬树栽种到一起，
帮它们躲过严寒。
我每天都会跟我的树说说话，
缓解它们的压力。
要知道，没了植物，人也活不了。
是植物给了我们氧气。”

卡戴尔·基纳讷-达乌阿吉（Kader Kinane-Daouadji），
园艺师

期、植被的修剪，以及颜色的协调问题。”塞巴斯蒂安·西雷强调说，“这两年，我们都从卢浮宫博物馆的展览中寻找花坛的设计灵感。今年春天，卢浮宫推出了‘荷兰季’展览。17世纪，‘郁金香热’在荷兰兴起，郁金香花球卖出了天价，甚至还有富人因为郁金香破产了呢！”他一边说，一边把排列成蛇形的多色郁金香花坛指给我们看。这片梦幻般的花卉与花坛的严肃外观形成了鲜明的对比……“今年夏天，我们将以弗朗索瓦一世时期为灵感设计花坛，栽种雏菊，以纪念弗朗索瓦一世的姐姐——昂古莱姆的玛格丽特（Marguerite d'Angoulême）。”塞巴斯蒂安·西雷已经按捺不住激动的心情了。不过，花园始终要遵守它自己的法则。自从停用化学制品以来，小动物逐渐重新占领了这里，比如霸占着水塘的这群黑水鸡和鸭子。水塘里还有不少鲤鱼，它们吃起水藻来可是互不相让！

塞巴斯蒂安·西雷和他的团队主要担心的问题之一是栗树遭遇病害。这种疾病有个很不讨人喜欢的名字——细菌性溃疡，而引发它的真菌已经席卷了整个欧洲。“2010—2012年小灌木丛修整项目期间，我们决定通过增加物种来对抗这种病害。我们还在树下种植了灌木丛，以吸引更多的鸟类和昆虫。”塞巴斯蒂安·西雷介绍道。最后，当一位游客问他花园内是否有蜂巢时，塞巴斯蒂安说，这项计划目前仅处于研究阶段。大家已经开始幻想有朝一日品尝杜乐丽花园的蜜蜂酿造的蜂蜜了。

半圆形长石凳和花坛体现出杜乐丽花园园艺师巨大的自由创造空间

与学者一起漫步

我们的此次游览在卢浮宫与杜乐丽国家公园藏品负责人埃玛纽埃尔·埃朗（Emmanuelle Héran）的陪同下结束。上任两年以来，这位 19 世纪雕塑保管员十分享受作为这座露天博物馆负责人的感觉。接下来的几个小时里，这位聪敏而热情的女士向我们讲述了她与花园亲密无间的关系，以及她每天观察到的游客新动向……

Emmanuelle Héran,
conservatrice responsable des collections des jardins

埃玛纽埃尔·埃朗，花园藏品保管员

一座露天博物馆

“日本人对花花草草十分崇拜，我经常看到有些日本游客像对待艺术品一样敬拜花草。此外，我们花园里的椅子也深受游客欢迎，总是有人过去拍照。这也许是因为它们在园中的布局比较随意，给人一种曾经有亡灵坐在上面的奇怪感觉。”埃玛纽埃尔·埃朗开玩笑说。她本人也很欣赏花园里这些“法悦居”（Fermob）牌的椅子，它们漂亮的“蕨绿色”与花园里的植被相得益彰。埃玛纽埃尔补充说：“2005 年，卢浮宫购置了三千把这种款式的椅子，从此以后，它们就成了杜乐丽花园的标志，就像卢森堡公园[1]里的椅子一样。”

不过，据埃玛纽埃尔·埃朗介绍，在这样一座被列为历史古迹的花园里保管藏品并不轻松，她常常为园内的破坏行为感到痛心。“2017 年 3 月 10 日至 11 日夜里，共有 7 座大理石雕塑被人损坏。监察队在清晨发现散落一地的碎片时都震惊了。可怜的‘德阿涅拉’失去了一条手臂。”埃玛纽埃尔难过地告诉我们。

1　位于巴黎第六区的一座公园。

"Le Centaure Nessus enlevant Déjanire"
de Laurent Honoré Marqueste
洛朗·奥诺雷·马凯斯特的《绑架德阿涅拉的半人马涅索斯》雕像

杜乐丽花园南边的花坛

埃玛纽埃尔·埃朗保管着遍布花园的约 200 个大理石雕塑和瓶饰。据她称，国家很晚才意识到翻新花园和修复文化遗产的必要性，直到 1990 年，花园才在帕斯卡尔·克里比耶和路易·贝内克的手中旧貌换新颜，准备好迎接 21 世纪。借着翻新的机会，花园里的全部雕塑也幸运地得到了修复，损毁最严重的雕塑被换成了由大理石粉和合成树脂混合材料制成的模塑品，原品则放在 1993 年开放的马利中庭和皮热中庭展出。

"L'Arbre des voyelles" de Penone

佩诺内的《元音树》

不过，杜乐丽花园最吸引人的地方之一，还是游客们在漫步的过程中可以见到各种壮观的现代雕塑。它们中最富诗意的要数意大利雕塑家朱塞佩·佩诺内（Guiseppe Penone）的《元音树》。由于青铜随着时间的流逝而逐渐氧化，形成了树皮的颜色，因此乍一看去，大家会以为这是一棵真正的栗树。这棵大树仿佛被闪电击中，横卧在野生灌木丛中，令路过此地的散步者备感困惑。真与假，生命与死亡，它们之间的界线到底在哪里？这似乎就是这一脆弱又有力的作品在我们耳边低语的问题。这棵树的树枝末端又生出了五棵不同的树，而它四散的树根则形成了元音字母，是对著名诗人亚瑟·兰波的致敬[1]。埃玛纽埃尔·埃朗强调说："帕斯卡尔·克里比耶为雕塑的养护制定了一系列规定，由园艺师们严格遵守。"这座雕塑所表达出的深刻人文思想令她颇有感触。

1　兰波曾创作过一首题为《元音》的诗。

“你们想象一下一种出于生存的必要而创作的雕塑：它将是人类所能创作的最非凡的雕塑。这种雕塑是存在的：它就是树。” 朱塞佩·佩诺内

如果说有哪件作品将魔法照进了现实，那一定是教学与生态菜园里安娜·罗谢特（Anne Rochette）的雕塑。在几个花园小矮人和亦真亦幻的地精像中间，她的作品《儿歌》显得十分突兀，就像是贝尔纳·帕利西和路易斯·布尔茹瓦（Louise Bourgeois）[1] 的一种结合……

我们依依不舍地离开了杜乐丽花园和里面的各色游客。

凭着标志性的迷人小胡子，我们认出了修复师于格·德·巴泽莱尔（Hugues de Bazelaire）。此时，他正在向马利中庭的《奔跑者》复制品上喷水，而几位园艺师则将水清出花坛。杜乐丽花园就是这样生生不息……

1 当代法裔美籍造型艺术家。

Nettoyage des statues des bassins

清洗花坛中的雕塑

《刚刚杀死弟弟亚伯的该隐》

"每位游客都有自己偏爱的雕塑。最受青睐的雕塑是亨利·维达尔（Henri Vidal）的《刚刚杀死弟弟亚伯的该隐》。如今，这位艺术家已经被大众遗忘了。该隐用手遮住了头，整件作品是一座体现悔恨之心的雕像。再来看看艾梅·米勒（Aimé Millet）的雕像《请求帕拉斯庇护的卡珊德拉》。绝对是花园里最美的腰身之一！不过孩子们最喜欢的还是当代雕塑家埃里克·迪特曼（Erik Dietman）的《谁的朋友也不是》。它看上去像一个巨型的矮人，让人联想到北欧的森林故事。这也许是雕塑家的自画像呢，因为他小时候就有些'不太招人喜欢'。椅子也是雕塑的一部分，它邀请游客与雕塑面对面对话。可惜的是，已经有两把椅子被偷走了，我让人做了这第三把，并且把它钉在地上，以防万一！"

埃玛纽埃尔·埃朗

《请求帕拉斯庇护的卡珊德拉》，杜乐丽花园中艾梅·米勒的雕塑作品

"L' Ami de personne" d' Erik Dietman

埃里克·迪特曼的《谁的朋友也不是》

DELACRO

Dans l'atelier de Delacroix

德拉克洛瓦的画室

欧仁 - 德拉克洛瓦
国家博物馆：
一座迷人的世外桃源

圣日耳曼德佩教堂不远处，小小的弗斯滕伯格广场上，一扇不太引人注目的大门通向巴黎最神秘也最迷人的博物馆之一：欧仁 - 德拉克洛瓦国家博物馆。这是德拉克洛瓦最后的居所，1857 年 12 月 28 日他在这里设立了自己的最后一间画室，以完成圣叙尔比斯教堂圣昂热礼拜堂的装饰。

这处被遗忘的最后居所在 20 世纪 30 年代遭到破坏，在以莫里斯・丹尼斯（Maurice Denis）为中心的一群艺术家和知识分子的努力下，于 1971 年成为国家博物馆，自 2004 年起附属于卢浮宫博物馆。

这座博物馆并非一座凝固在时间里的纪念馆，而是一个有生命的地方，致力于以动情而诗意的方式向世人展示画家的精神世界。

“我认为我在这里会过得很好。
这里的房间比我以前的住所大很多，
我很喜欢。
我听不到任何噪声，
这对一个经常待在家中的人来说
是非常重要的。”

欧仁・德拉克洛瓦写给
约瑟芬・德・福尔热（Joséphine de Forget）的信，
1858 年 1 月 2 日

欧仁 - 德拉克洛瓦国家博物馆的入口
隐藏在一扇不太引人注目的大门后

与馆长女士会面

2017年5月19日，我们见到了博物馆馆长多米尼克·德·冯-雷奥（Dominique de Font-Réaulx），她刚刚签字同意举办一场精致的展览，主题是当年莫里斯·丹尼斯所扮演的关键角色。趁着陪同一班中学生参观博物馆和接受记者采访之间的空档，她在博物馆图书馆接见了我们。这里陈列着关于画家德拉克洛瓦的各种著作。

Dominique de Font-Réaulx, directrice du musée Eugène-Délacroix
多米尼克·德·冯－雷奥，欧仁－德拉克洛瓦博物馆馆长

“这座博物馆本质上是一个乌托邦，
是一种继承自法国大革命和启蒙思想的内涵丰富的理念。
我们要让它重新成为更多人渴望的对象。” 多米尼克·德·冯－雷奥

“小花园的景色
和画室宜人的
布置总是
让我心情愉悦。”

欧仁·德拉克洛瓦，日记，
1857 年 12 月 18 日

选择富有生气的致敬方式

“这是一个私密的空间，同时也充满活力。”多米尼克·德·冯-雷奥告诉我们。她管理这座博物馆已有 4 年时间。博物馆每年接待 6 万名参观者，活动安排精彩，并经常在欧洲博物馆之夜、诗人之春、设计师节、音乐节、欧洲遗产日、国际当代艺术博览会、巴黎摄影展、花园之约等盛大活动之际与其他机构互动。“如果只面向欣赏和研究德拉克洛瓦的人开放，博物馆每天就只有三四个参观者。这座博物馆的意义并不在于为画家设立一座纪念馆；想要缅怀他，大可在他位于拉雪兹公墓的墓碑前寄托哀思。我们更倾向于选择一种富有生气的致敬方式。”多米尼克解释道。这位活力四射的馆长努力吸引数量更多、更多样化的参观者。我们在展厅里遇到的参观者主要都是被这片历史悠久的优雅街区所吸引的游客，经过了奥斯曼对巴黎的规划和当代建筑的洗礼后，这片街区竟然奇迹般地保存了下来。多米尼克·德·冯-雷奥高兴地说：“你们想象得到吗？这里的土地规划从 18 世纪开始就再没有变过！”

“我最美好的回忆之一是 2013 年 9 月至 2014 年 6 月与欧奈苏布瓦的一班学生合作了一个项目。我邀请一年级的学生为博物馆的展品编写说明卡片。这些学生与美工师密切合作，在一个周六上午的画展开幕式上，他们向参观者展示了自己的说明卡片。‘没有她，这项工作就不可能完成。’一个学生在提到我时这样说道。我当场流下了眼泪……” 多米尼克·德·冯-雷奥

馆长的使命

多米尼克曾经协助亨利·卢瓦雷特推进阿布扎比卢浮宫的协调工作，身为 19 世纪艺术保管员的她在这里面对的是另一种截然不同的管理工作。“我在这里负责的是一个 30 人的团队，我扮演的是管理者的角色，因为我要让这里的每个人都找到他们在博物馆里的位置。这几年，我就是在处理这些人际关系的过程中成长起来的。我要学会保持距离，同时还要做到充分参与。”多米尼克·德·冯-雷奥微笑着说。

既要接待公众，维护建筑与花园，还要负责博物馆的对外宣传，这位馆长一刻也闲不下来。“拯救命运要靠奇思妙想。”她开玩笑说。她也正在为这座小小的博物馆在雄心和胆识上与其他大型博物馆比肩而努力。

在欧仁-德拉克洛瓦博物馆举办的“莫里斯·丹尼斯与欧仁·德拉克洛瓦：从画室到博物馆”展览（2017 年8月3日至28日）

agenda de Maurice Denis, 1932

莫里斯·丹尼斯的记事本，1932 年

目前，博物馆正在举行一场向莫里斯·丹尼斯致敬的展览。丹尼斯组织了德拉克洛瓦公寓和画室的保护工作，并于 1920 年成为欧仁·德拉克洛瓦友人协会会长。丹尼斯的孙女、电影人克莱尔·丹尼斯为这次展览提供了大部分文献，其中就包括这本打开至 6 月 24 日这一页的 1932 年记事本，那天正是博物馆开馆的日子……一幅长期由丹尼斯家族保存的石墨素描画重现了德拉克洛瓦画室的新古典主义外墙，上面装饰着在 19 世纪十分盛行的仿古塑品。这幅画也成为一款手提袋上的图案，手提袋在博物馆纪念品店有售，价格仅为 6 欧元。“大家都疯狂抢购呢！”一位售货员说。

"Intérieur arabe" d' Émile Bernard

埃米尔·贝尔纳（Émile Bernard）的《阿拉伯室内画》

从埃米尔·贝尔纳、莫里斯·丹尼斯到保罗·高更，不少画家都曾公开表示对欧仁·德拉克洛瓦的欣赏。

Paul Gauguin, Cahier pour Aline

保罗·高更的《至阿琳》

德拉克洛瓦的画桌

画室与花园：同样的私密

“德拉克洛瓦研究室就是卢浮宫的绘画部；让二者进行竞争，既没有意义，也是愚蠢的。当参观者进入画家的公寓和画室时，能够切身感受到他的存在。”多米尼克·德·冯-雷奥强调说。这个生活和创作的场所里到处都是版画、素描和油画，还有画家的私人纪念品，比如这张由友人协会于1948年赠送的精致橡木画桌，还有卢浮宫负责保管的调色板。各种陶瓷制品、一件大衣和一只挎包也默默地向我们诉说着1832年德拉克洛瓦的摩洛哥之旅——在那片崎岖而多彩的土地上度过的五个月极大地丰富了他的创作。

然而，或许只有在画家那洒满阳光的花园里，人们才能更加深切地体会到他灵魂的跃动。2012年，时任杜乐丽花园首席园艺师的雅克·博诺尔（Jacques Bonnaure）主持了花园的翻新工作，此后的花园便成为巴黎街头的躁动里一座迷人的世外桃源，伴随着它的是圣日耳曼德佩教堂的钟声，还有来到“画家住过”的地方寻找灵感的学生的窃窃私语。

多米尼克·德·冯-雷奥像个经验丰富的园艺师娓娓道来：“我们根据在德拉克洛瓦的票据中找到的一张发票，以及他日记中的一些注解，发现了他所钟爱的植物，包括醋栗、覆盆子、古代玫瑰和百里香。我们前不久刚刚修剪了郁金香，以便其进入休养期；很快，大丽花就要长出来了；到了10月，玫瑰也要开花了。别忘了，这里可是画家的花园！一个个花坛形成了一只鲜艳的调色板，多彩而芬芳。”

在这个5月，花园里竖起了一支巨大的旗杆，并用一根线与画室相连。旗杆的底部是一张反光的圆盘，参观者可以坐在上面歇脚；扩音器播放着画家关于色调变化重要性的阐述，以及讨论如何展示稍纵即逝的阴影和水中倒影的文章。这是由设计师康斯坦丝·吉塞（Constance Guisset）特别设计的一个装置，它有一个富有诗意的名字——“色度”（Chroma），意在倡导参观者去聆听，去沉思……

“这座花园就是一种现场艺术。我希望它能够为人们提供惬意和愉悦。今年夏天，我们还要摆放一些图书，供参观者翻阅。”馆长承诺道。

博物馆花园内由康斯坦丝·吉塞设计的装置

欧仁·德拉克洛瓦画室和
温馨花园的美丽外墙

长沙发上的私密对话：“莫里斯·丹尼斯与欧仁·德拉克洛瓦”展览布展的美好回忆

维多琳・马贾尼・丹甘贝尔，
卢浮宫展览处协调员

“多米尼克・德・冯 - 雷奥希望，在‘莫里斯・丹尼斯与欧仁・德拉克洛瓦’展览布展期间不要关闭博物馆的展厅，所以整个布展工作是在公众的见证下完成的。入场免费，大家都怀着好奇心而来，感觉颇为奇妙……我们面临的主要技术难题之一是如何将莫里斯・丹尼斯的巨幅《致敬塞尚》搬进门，这幅画高 1.82 米，宽 2.43 米！我们作出了几个真品大小的模型，以确定从哪里搬进来最好。这幅油画穿过庭院，进入画室的时候堪称神圣的一刻！此次布展的另外一个‘惊喜’是，我们发现，一位收藏家借给了我们一幅没有画框的作品！我不得不赶紧跑去卢浮宫的画框藏品室，在最短的时间内找到一个画框，再由细木工工作室进行必要的调整，最后才将画放进去……开幕式当天，第一批记者到来前的 20 分钟，我们还在脚手架上进行最后的调试，所有人都焦躁不安，地上还有一只巨大的箱子，散落着各种工具。然后，就像变魔术一样，一切忽然就位了。我的下一个项目是 2018 年在卢浮宫举行的‘德拉克洛瓦’展览，展品来自世界各地：纽约、华盛顿、墨西哥城等等。我将负责管理工作进度，协调各个团队，与展品出借方谈协议……总之就是帮助保管员实现梦想。我不能想象自己从事任何其他职业，也无法想象在卢浮宫以外的地方工作。”

卢浮宫朗斯分馆的极简抽象主义全透明建筑，由萨纳（Sanaa）事务所的妹岛和世和西泽立卫设计。

卢浮宫朗斯分馆：一座 21 世纪的博物馆

卢浮宫朗斯分馆于 2012 年 12 月 4 日开馆，在法国博物馆界独树一帜。它的地下是一张矿床，现在仍然能从土壤中看出开采的痕迹。这座 21 世纪的博物馆是加来海峡省人的骄傲。它的极简风格建筑主体由玻璃和铝材制成，现代气息浓厚，展览安排也丰富多彩。这座“别样的卢浮宫”想要成为参观者的一处生活场所。馆内时间长廊的参观路线流畅，为了突出艺术品的伟大而不设隔墙，且面向所有公众开放，这听上去像是一种兼具政治性和美学意义的宣言。从日式公园到公众可以自由进出的博物馆藏品室，整个卢浮宫朗斯分馆就是一首自由与透明的颂歌。

朗斯市具有装饰艺术风格的迷人的小火车站

以幕后参观
代替宣传

博物馆的新闻专员布律诺·卡佩勒（Bruno Cappelle）微笑着迎接我们的到来。我们一大早就进入了此时还空空荡荡的博物馆大厅，这里只有几位保养人员在第一批游客到来前进行最后的清扫。从几张巨大的海报可以看出，目前正在举办的是勒南兄弟的画展，自2017年3月22日开幕以来，展览取得了巨大的成功。

我们一步步走下通往地下技术区的大楼梯。距藏品室不远的地方，就是一间工作室，这样的工作室数量众多，参观者可以小团体的形式或通过预约前往，了解博物馆幕后的不同职业。卢浮宫朗斯分馆是少数几家将幕后参观作为主要宣传工具的博物馆机构之一。

修复师的工作室：对两只古希腊酒杯的细致清理

在一扇巨大的玻璃窗后面，隐约可以看到两个身穿白色工作罩衣的人影对着散落的古希腊陶罐碎片俯下身体。克里斯蒂娜·维尔瓦尔德（Christine Verwaerde）和法布里斯·鲁比埃拉（Fabrice Rubiella）是陶瓷和玻璃制品修复师，应古希腊、伊特鲁里亚和古罗马文物部的要求，他们正在对两只白色的古希腊酒杯进行修复，酒杯将在卢浮宫朗斯分馆举办的古代音乐展览上亮相。

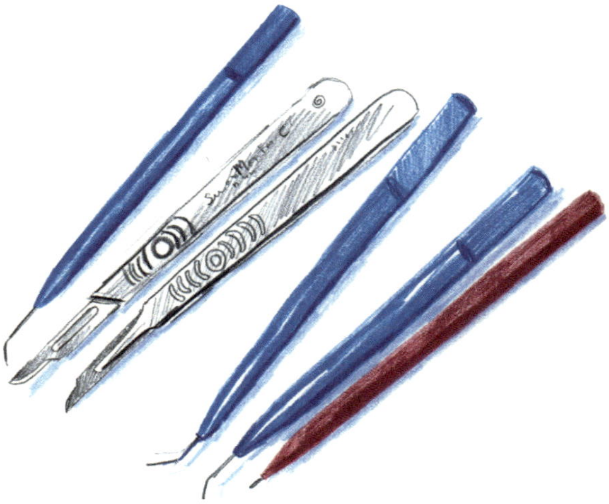

“作为独立工作者，我们也会接一些公共项目。这已经不是我们第一次修复卢浮宫的艺术品了。我们曾有幸为2013—2014年在卢浮宫朗斯分馆举行的伊特鲁里亚与地中海文明展览修复‘夫妻石棺’。那次经历非常奇妙，我们去掉了保存状态较差的20世纪70年代的修复痕迹，提高了这一杰出作品的辨识度。”克里斯蒂娜·维尔瓦尔德动情地说道。

Fabrice Rubiella, Christine Verwaerde et Bruno Cappelle
法布里斯·鲁比埃拉、克里斯蒂娜·维尔瓦尔德与布律诺·卡佩勒

两位修复师配合得特别默契，他们坦言很享受这种交流与互补的工作方式。克里斯蒂娜在 25 年前完成了法国艺术品修复学院的学业，法布里斯则毕业于国家文化遗产学院，他的毕业论文主题是古希腊白色细颈长瓶的修复。工作室里的气氛多少有些奇幻，仿佛处在时间之外。圆满完成这样一个精细的项目，细心和专心是必要的两项品质，更何况项目的时间安排也相当紧迫：每名修复师只有 10 个工作日的时间。克里斯蒂娜负责的 CA482 号酒杯上有不少残缺，由法布里斯修复的 CA483 号酒杯碎片更多。因此，每一分钟都十分宝贵……弱光照明和两张白色的大桌子让这个地方比起修复工作室来更像手术室。“我们的基本工具就是解剖刀。”克里斯蒂娜·维尔瓦尔德一边解释，一边向我们展示她要用到的各种刀具。不过，在两位修复师的工具箱里，还可以看到刮刀、画笔、硫化乳胶、小锉刀和棉签，甚至还有几把牙刷！为了这个占据他们全身心的项目，克里斯蒂娜和法布里斯毫不犹豫地把自己的设备带到卢浮宫朗斯分馆来：一台用于细微部位吸尘的吸尘器、一台蒸汽仪、一只紫外线灯、电脑——当然还有修复两只古代酒杯所必需的各种溶剂、胶粘剂、石膏、颜料和树脂。

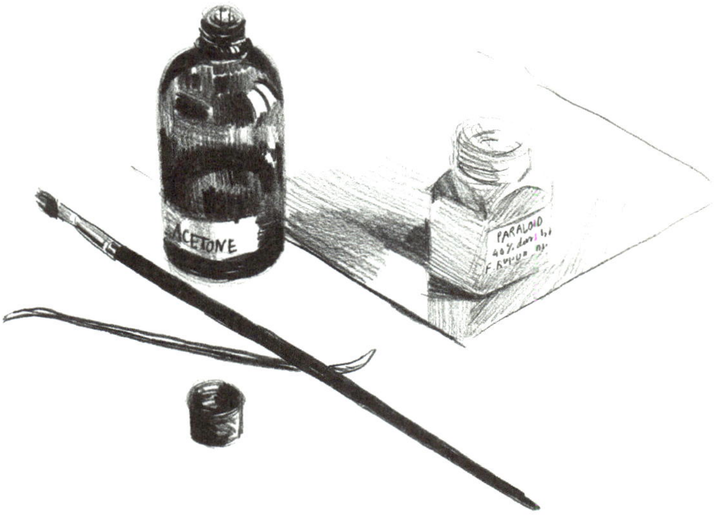

完成这样的拼图，需要修复师精细的劳动。

“拆开后，CA 483 号酒杯共有 45 枚残片，其中有些非常小。不过，你们可以放心，比这更复杂的陶器拼图我都做过！我总是先绘制一张拼接图，以确定每一枚残片的位置。针对这只酒杯，我们选用了 Paraloid B72 型丙烯树脂，这是最稳定、可逆性最好的黏合剂。我在酒杯的背面贴上胶带，在操作过程中这能起到固定残片的作用……同克里斯蒂娜一样，能够修复对古希腊陶器史有重要意义的文物，我感到十分激动。展览开幕式上看到它们在公众面前亮相，将是我最大的骄傲。” 法布里斯·鲁比埃拉

“开始工作前，我们总会用便携式显微镜和紫外线灯进行双重检查，这样可以了解到之前的修复工作中所用产品的相关信息。很明显，卢浮宫的这两只酒杯是用虫漆重新粘连起来的，所以我们就要用一种（乙醇）溶剂把酒杯包裹在一只容器中，才能将残片一一分离。接下来，我们就要进行漫长而细致的清理工作，清除掉每块残片上的虫漆，做到不留一丝痕迹。我花了整整半天时间处理带有装饰纹的核心残片。”克里斯蒂娜·维尔瓦尔德解释道。利用稳定的丙烯树脂将残片重新一一黏合后，不少问题浮出水面，此时，与这些酒杯的保管员安娜·古里耶讨论就显得至关重要了。为了提高艺术品的观赏性，残片之间的裂缝应该填补到什么程度呢？“修复工作并不是一项追求精确的科学，总要留出一定的演绎空间，而且任何修复都应该能够看出痕迹并且可以逆转。”法布里斯·鲁比埃拉说道。

酒杯的制作者是公元前 5 世纪的一位古希腊艺术家，考古学家称他为“赫西俄德的画家”。此次修复的目的就是赋予酒杯新的生机，这项工作本身也令修复师感慨颇深。克里斯蒂娜告诉我们：“那一刻，我的内心只有纯粹的喜悦。清理和修复这种陶罐的时候，我总是能忘记一切压力。我特别喜欢这位里拉[1]演奏者调音的姿态，细节部位的处理精巧至极，包括瞳孔和虹膜的轮廓。”修复师的最后一项工作是用水彩和丙烯颜料完成对两只酒杯表面的润色，这项高难度的操作淋漓尽致地展现了修复师这一兼具科学性和艺术性的职业的精妙之处。

1 古希腊的一种竖琴。

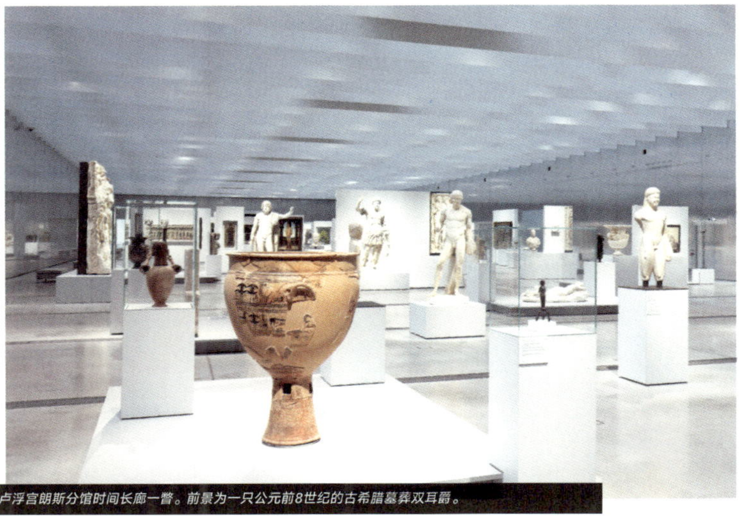

卢浮宫朗斯分馆时间长廊一瞥。前景为一只公元前8世纪的古希腊墓葬双耳爵。

卢浮宫朗斯分馆内部通道

“保管员们已经习惯了卢浮宫迷宫般的地下世界，所以他们每次看到卢浮宫朗斯分馆‘诊所般’干净的内部通道时都会有些吃惊。” 吕克·皮拉拉

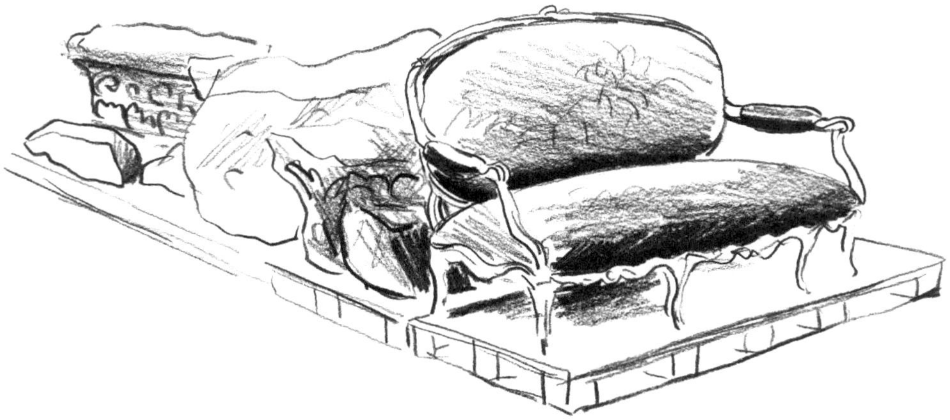

镜子的另一侧：舞台般的藏品室

吕克・皮拉拉（Luc Piralla）自 2013 年上任以来便在卢浮宫朗斯分馆如鱼得水。这位三十岁上下的年轻人事必躬亲，积极地履行着国家保管员的职责。从严格意义上说，这里并没有需要他来保管的藏品——他负责保管和保护在时间长廊里展出以及保存在博物馆里的艺术品。

我们从修复工作室安逸的氛围中走出来，进入了同样奇妙的藏品室。一排排铁网上悬挂着油画和标有库存编号的空画框。吕克・皮拉拉滑动一张巨大的隔板，自豪地向我们展示着路易十四的宫廷画家夏尔・勒布伦（Charles Le Brun）的巨幅底图，卢浮宫朗斯分馆曾在 2016 年专门举办了一场勒布伦作品展。不远处的木质托架上是一张 18 世纪的长沙发，这是卢浮宫艺术品部的藏品，在遍地的古代柱头和大理石块中间，它显得有些孤单，虽然突兀，却不乏诗意，令人联想到德鲁奥拍卖行（Drouot）的落槌一刻，又想到城堡中废弃的阁楼。

Luc Piralla

吕克・皮拉拉

Les réserves

藏品室

具备戏剧布景般的装饰风格和教学展示功能的藏品室迎接前来参观的公众。

吕克·皮拉拉说：“我们面临着这样一个矛盾的现象：卢浮宫朗斯分馆并没有属于自己的藏品，却有着堪称典范的藏品室！”藏品室同样如诊所般整洁，并有着舞台布景般的展示格局，接待以小团体形式到来的参观者。这同样是为了提高公众对艺术品保管工作和博物馆角色的认识。在这个 4 月，卢浮宫朗斯分馆的藏品室迎来了伊斯兰艺术部临时寄存在这里的不少艺术品，它们日后将迁移至位于列埃文市（加来海峡省）的卢浮宫藏品室。成卷的地毯被安放在避光处，等待着在未来的某个展览上重见天日；泡沫垫子上摆放着的一座座拴着标签的墓碑，已经重新进入了沉睡。

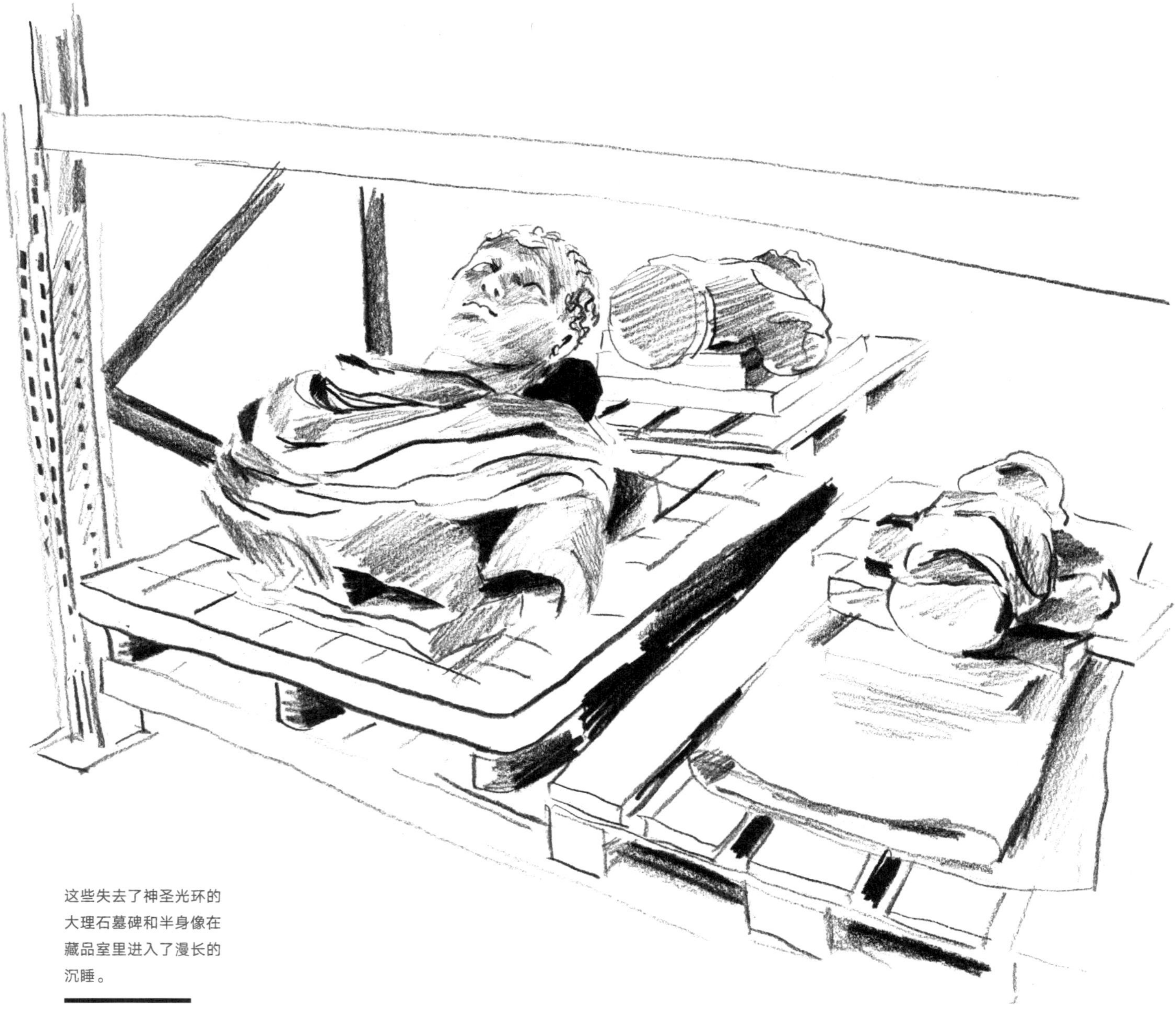

这些失去了神圣光环的大理石墓碑和半身像在藏品室里进入了漫长的沉睡。

“卢浮宫朗斯分馆透明而亲民，与传统的收藏型博物馆截然不同。我们有幸建造了一座 21 世纪的博物馆，它的各个空间都是可以调整的，并且面向公众开放。藏品室参观是点睛之笔，它可以让参观者明白，有些艺术品之所以不能对外展示，是因为它们过于脆弱——比如素描画和纺织品；或者有作用方面的限制——比如教学用石膏像。” 吕克·皮拉拉

使博物馆成为
休闲与生活的场所

我们随后见到了刚刚录完一档广播节目的卢浮宫朗斯分馆馆长玛丽·拉旺迪耶（Marie Lavandier）。年届不惑的她一头红发，脸上洋溢着灿烂的微笑，毫不掩饰她对这座未来主义建筑的痴迷。另外，对擅长与人沟通的她来说，管理在这样一片土地上建立起来的机构也是一分美差。她曾经一手创建了位于科雷兹省（Corrèze）萨朗市（Sarran）的雅克－希拉克总统博物馆，随后又担任尼斯市立博物馆的馆长，这已经够令她感到自豪的了。在外省的经历塑造了玛丽·拉旺迪耶的性格，也丰富了她的实地工作经验。

la Galerie du temps
时间长廊

“完全透明的”古埃及墓葬艺术

“卢浮宫朗斯分馆不只是一座博物馆，也是一个生活场所。参观者一穿过接待大厅，马上就能够沉浸在没有设置任何隔断的时间走廊之中，自由徜徉。走廊的布置让参观者得以与艺术品进行直接和随意的接触。这里的音响效果很棒，混合了自然和人工光源的照明设计也十分精妙。” 玛丽·拉旺迪耶

Marie Lavandier, directrice du Louvre-Lens

玛丽·拉旺迪耶，卢浮宫朗斯分馆馆长

卢浮宫朗斯分馆时间长廊内的中世纪艺术品

时间长廊：博物馆界的创举

进入时间长廊本身就是一件充满神秘感的事情。畅通的长廊既像一座教堂的中殿，又像一艘宇宙飞船，长期保存在各个部门的艺术品在这里与彼此交流。时间长廊由让 - 吕克 · 马丁内兹和樊尚 · 波马雷德共同设计，展品横跨六千多年，就如同一节艺术史纲课程，并且似乎已见成效：一群少年正围着他们的老师问个不停，丝毫没有感到局促不安。正是在长廊里，这些学生忽然领悟到，古希腊世界与法老的埃及有过交往；中世纪和文艺复兴时期的艺术家曾走遍欧洲各地，交流他们的技巧和作品，有时甚至还相互介绍客户……

时间长廊对包括小学生在内的所有人开放，是一堂通过艺术名作讲授的精彩历史课。

-500

不远处，尽管艺术品十分密集，几名残障参观者仍然能毫不费力地乘轮椅穿梭其间。在卢浮宫朗斯分馆，美学是属于所有人的，没有限制，也没有障碍。

“传统的博物馆就是传授知识和教育的场所，而卢浮宫朗斯分馆则充分扮演着‘未来博物馆’的角色。我们尝试新的展品欣赏方式，比如‘瑜伽式参观’——在展厅内组织冥想活动，以及在花园里进行的‘慢跑式参观’。”玛丽·拉旺迪耶热情地向我们介绍着。

“在这里，
人们用另一种方式参观卢浮宫。”

玛丽·拉旺迪耶

Idole aux yeux
3300-3000 avant J.-C.

眼睛形状的崇拜雕像，公元前3300—前3000年

"L'Adorant de Larsa"
début du IIe millénaire avant J.-C.
Mésopotamie

《拉尔萨的崇拜者》，公元前2000年初期，
美索不达米亚

时间长廊路线流畅，空气流通，为残障参观者的行动提供便利。

Mosaique de Yayoi Kusama

草间弥生设计的镶嵌画

花园就是博物馆、城市和整个地区的连接线，并以一种诗意的方式再现着地区的矿业史。花园中的石板令人想起连接矿井和火车站的铁路。

在博物馆游览的最后阶段，参观者会进入一个美轮美奂的透明空间，它的名字叫“玻璃展馆”（Pavillon de Verre）。“玻璃展馆”用于举办介绍性展览，这些展览是通过与同大区内其他博物馆紧密合作来实现的。展馆本身也十分惊艳，参观者可在馆内的长椅上安静地休息，欣赏周围的景色。远处金字塔形矸石堆的轮廓与富士山有几分相似，让人想起这片土地最初的使命[1]。日本参观者对这座博物馆和它的花园情有独钟绝非偶然：圆形的页岩石板和花木令人不禁联想到日式的禅宗花园。博物馆巨型音乐厅“舞台”（la Scène）休息室内的镶嵌画同样展示了日本人的才华：调皮的日本艺术家草间弥生在休息室的地面上洒满了她标志性的大圆点。据音乐厅总监格雷戈里·莫尔特莱特（Grégory Mortelette）说，孩子们尤其喜欢这条颇具迷幻色彩的“小拇指”[2]之路。

音乐厅的活动安排与博物馆的展览和藏品有着密切的关系，活动包括舞蹈和戏剧演出、电影放映，以及卢浮宫学院的讲座与课程等。音乐厅的舞台长 27 米，宽 20 米，可随意调节，曾举办过文学宴会和化装舞会等各种节庆活动。不过，音乐厅最新颖之处还是它与博物馆各个展厅的全面互动：音乐厅的一扇门后便是另一个世界——临时展览厅，参观者变戏法似的就置身在勒南兄弟的画作之间了。

1　朗斯在 19 世纪和 20 世纪是法国北部的重要煤炭城市。

2　《小拇指》是一则法国童话。

Visite de l'exposition des frères Le Nain

参观勒南兄弟的作品展览

勒南兄弟画展的两位组织干事正在接受媒体的“轰炸”

Magalie Vernet

玛加利・韦尔内

开展日！

3月21日，卢浮宫朗斯分馆全体成员立正站好，准备迎宾，因为今天是“勒南之迷”展览的开展日，展览专业方面的组织工作由卢浮宫绘画部首席保管员尼古拉・米洛瓦诺维奇（Nicolas Milovanovic）和吕克・皮拉拉负责。依照组织严密的流程，国家级媒体一早就等在那里，地方媒体则在下午前来。最后一批展品的说明卡片刚刚挂好，新闻材料放入纸袋，羊角面包、果汁和咖啡已经准备就绪，用来招待乘坐7点52分第一班火车到来的记者。卢浮宫新闻处负责人苏菲・格朗日也来了。玛丽・拉旺迪耶、一身红装的传媒与市场营销负责人玛加利・韦尔内（Magalie Vernet）和布律诺・卡佩勒穿梭于记者之间。在他们的注视下，新闻发布会终于要开始了。见证历史的一刻！从艺术史学家雅克・蒂利耶（Jacques Thuillier）在大皇宫举办勒南兄弟回顾展至今，已经过去38年了！

展览颇具教育意义，形式则很新颖。策划者尝试着给每幅画都起一个名字，从而让整场活动变成了一次有趣的探案之旅。体魄强健的尼古拉·米洛瓦诺维奇身着黑色衬衫，在场观众屏息聆听他的介绍，尤其是笼罩在路易、安托万和马蒂厄三兄弟绘画生涯上的光环——关于他们创作的很多不解之谜。一时间，提问之声此起彼伏，听众窃窃私语，记者的笔记本上都是密密麻麻的注释。接近正午，巴黎来的记者们带着新闻资料和厚厚的展品目录离开，几位展览组织干事便开始焦急地等待第一批新闻报道……几天后，《电视全览》（*Télérama*）、《十字架报》和《费加罗报》刊文，对展览赞不绝口。卢浮宫朗斯分馆的全体工作成员感到无比自豪，总算松了一口气。

《费加罗报》资深记者埃里克·比耶特里－里维埃（Éric Biétry-Rivierre）

萨比娜·吉纽（Sabine Gignoux），
记者，《十字架报》艺术专栏主编

“作为记者，我从始至终都在支持卢浮宫朗斯分馆这一项目。让国家级展品惠及所有人，这种理念十分吸引我。这里展出过不少重要的专题著作，本次勒南兄弟展也是如此。我认为这次展览十分成功，因为它是以一种探案的形式呈现的，参观者在每幅油画中寻找线索，好像要抓坏人一样。勒南兄弟作品的意义已经超过了绘画的范围。最令我感到困惑的是《屋里的农妇》中那位女性疲惫和写满沧桑的眼神，仿佛她已看破世间种种。这幅画在我心中洒下了人性的温暖……”

“随着时间的推移，
三兄弟在感觉和艺术天赋方面的差异也越来越大，
不过我们也无法相信他们各自为政，各画各的。
在部分画作中，
明显可以看出同一幅画上存在两种风格的创作步骤。”

萨比娜·吉纽在《十字架报》上对尼古拉·米洛瓦诺维奇的引用

*Nicolas Milovanovic,
conservateur en chef au
département des Peintures du Louvre*

尼古拉·米洛瓦诺维奇，卢浮宫绘画部首席保管员

结语

“这段旅程让我们发现了一个神奇的卢浮宫，发现了这座每年接待数百万参观者的世界最大博物馆的幕后。

然而，卢浮宫并未就此满足，它没有裹足不前，而是长期向外出借艺术品，在世界上千千万万参观者的家乡与他们交流。如今，卢浮宫进一步敞开大门：沟通协调和文化节目策划部的一个团队在阿琳・弗朗索瓦-科林（Aline François-Colin）的率领下与众多保管员一同致力于在博物馆外组织艺术品展览，让全法境内，甚至五大洲的更多人都能欣赏到博物馆的藏品。这些展览有一个十分亲民的名字——‘墙外展’，是卢浮宫文化活动政策的一个主要方向，让日本人、中国人、西班牙人或者美国人在前往巴黎之前或者从法国回家后依然可以在自己的城市里‘享受’卢浮宫的艺术品。

“我们与一些展览承办企业之间保持着长期的合作伙伴关系，比如日本电视台（NTV）和西班牙的巴塞罗那储蓄银行（la Caixa）。日本目前保持着‘墙外展’参观人数的最高纪录，达到一百二十多万。此外，2017 年上半年，先后在北京和香港举办的‘卢浮宫的创想——卢浮宫与馆藏珍品见证法国历史八百年’展览也收获了近五十万名中国参观者。

“阿布扎比卢浮宫也将于近期开馆。卢浮宫朗斯分馆扎根于法国的一个大区，充分体现了卢浮宫作为‘国家博物馆’的使命；在它之后，卢浮宫博物馆又走向了国外，走向了一个全新的参观者群体。阿布扎比卢浮宫将成为一座全球性的博物馆，根据阿联酋观众的意愿，实现不同文明与文化间的对话，展出卢浮宫和其他国家博物馆的杰出艺术品。由让・努韦尔（Jean Nouvel）设计的建筑已然落成，它摄人心魄，雄伟壮观。由法国，尤其是由卢浮宫出借的艺术品将很快同阿联酋的参观者见面。

“卢浮宫将不同国家和文化背景的参观者吸引至巴黎，今后也将前往各国参观者的家乡与他们相见，成为一座真正意义上的‘世界博物馆’。”

阿琳・弗朗索瓦-科林与梵尚・波马雷德

“卢浮宫的创想”展览，香港文化博物馆，2017年4月至7月

博物馆地图

皮热中庭

拿破仑三世
套房主客厅

会议馆

大画廊

万国大厅 —— 蒙娜丽莎厅

古地亚王子石像
中世纪卢浮宫
盘腿而坐的书吏像
科撒巴德庭
马利中庭
皮热中庭
黎塞留馆
叙利馆
钟馆
方形中庭
卡娅第德大厅
德农馆
斯芬克斯像
勒菲埃尔中庭
维斯孔蒂中庭
米洛的
维纳斯像
伊斯兰艺术部
玻璃天棚
阿波罗廊
萨莫色雷斯岛的
胜利女神像

卢浮宫的 25 个年份大事记

1190
菲利普二世国王下令
开始修建卢浮宫城堡。

1240—1250
路易九世国王（“圣路易”）
对卢浮宫进行修葺，
包括为圣路易厅加盖穹顶。

1360
将城堡改造为
国王查理五世的皇宫。

1528
弗朗索瓦一世命人拆除菲利普二世时期的城堡主塔，
以建造一座新的城堡。

1549
弗朗索瓦一世去世后，他的儿子亨利二世
选定建筑师皮埃尔·莱斯科（Pierre Lescot）
重建卢浮宫。

1566—1567
建造“小画廊”。

1595—1610
建造“大画廊”
（别称“水畔”长廊）。

1652
路易十四国王命令“首席皇家建筑师”
雅克·勒梅西埃（Jacques Lemercier）
修整卢浮宫。

1678
放弃建造中的卢浮宫，
以全力修建凡尔赛宫。

1766
完成阿波罗廊的
内部装潢。

1793
颁布关于在卢浮宫内
建立“中央艺术博物馆”的政令，
博物馆汇集了各种绘画和古代艺术藏品
（博物馆是日后古希腊、伊特鲁里亚
和古罗马文物部，东方文物部
和艺术品部的前身）。

1804
拿破仑一世选定皮埃尔·方丹和夏尔·佩西耶
作为卢浮宫的建造师。

1824
成立雕塑部。

1827
开设
埃及文物部。

1827—1835
在方形中庭
南翼二层设立
“查理十世博物馆”。

1871
巴黎公社期间，
杜乐丽皇宫失火，
损坏了卢浮宫的部分建筑。

1935
埃德蒙德·德·罗斯柴尔德的
藏品进入素描画收藏部和铜板雕刻部，
这两个部门
共同组成了图像艺术部。

1939—1945
战争期间，
博物馆的艺术品被隐藏起来。

1981
法国总统弗朗索瓦·密特朗
宣布实施“大卢浮宫”计划。

1989
由建筑师贝聿铭设计的
卢浮宫金字塔落成。

1993
由建筑师贝聿铭、史蒂芬·鲁斯托（Stephen Rustow）、
米歇尔·马卡利（Michel Macary）
和让-米歇尔·威尔莫特设计的黎塞留馆落成；
爱尔兰工程师彼得·赖斯（Peter Rice）
为马利中庭、皮热中庭
和科撒巴德庭设计玻璃天棚。

2000
会议馆开馆。

2004
欧仁-德拉克洛瓦博物馆
开始归属于卢浮宫博物馆。

2012
伊斯兰艺术部
（成立于 2003 年）
落户于新场馆。

2012
位于加来海峡省的
卢浮宫朗斯分馆开馆。

致谢

贝雷尼丝·若弗鲁瓦-施内特和露西尔·皮凯蒂真诚感谢：
卢浮宫馆长让-吕克·马丁内兹和卢浮宫全体工作人员，
尤其是（按姓氏字母顺序）：
安娜-洛尔·贝娅特丽克丝、迪迪埃·布舍龙、维奥莱纳·布韦-朗塞勒、
洛朗斯·卡斯塔尼、柯莱特·孔福尔泰斯、瓦莱丽·库丹、法布里斯·杜阿尔、
克里斯蒂娜·菲南斯、苏菲·格朗日和樊尚·波马雷德，
感谢他们在本书创作过程中给予我们的帮助与支持。
没有他们，就没有这本书。

两位作者还由衷感谢马蒂尼耶出版社工作人员
在整个图书项目中给予的耐心、支持和帮助，
尤其感谢项目发起者奥德·芒图（Aude Mantoux）、
版面设计弗洛里纳·希诺拉茨基（Florine Synoradzki）、
文本编订朱莉·乌伊（Julie Houis），
以及进行图片搜索的加朗斯·安德烈（Garance André）。

出版人感谢所有为本书付梓辛勤付出的人士，
“卢浮宫星球”一章的内容尤其丰富，
但有些人的名字未能出现在书中，我们对此深表歉意。

照片版权

图书在版编目（C I P）数据

卢浮宫的幕布之后 /（法）贝雷尼丝·若弗鲁瓦 - 施内特著；（法）露西尔·皮凯蒂绘；赵飒译. -- 北京：东方出版社，2020.2

ISBN 978-7-5207-1239-2

Ⅰ. ①卢… Ⅱ. ①贝… ②露… ③赵… Ⅲ. ①博物馆 - 介绍 - 巴黎 Ⅳ. ① G269.565

中国版本图书馆 CIP 数据核字 (2019) 第 247365 号

卢浮宫的幕布之后
LUFUGONG DE MUBU ZHI HOU

作　　者：[法] 贝雷尼丝·若弗鲁瓦 - 施内特 著
　　　　　[法] 露希尔·皮凯蒂 绘
译　　者：赵　飒
出版统筹：吴玉萍
责任编辑：杨袁媛
特约编辑：张　伊
责任审校：曾庆全
出　　版：东方出版社
发　　行：人民东方出版传媒有限公司
地　　址：北京市朝阳区西坝河北里 51 号
邮　　编：100028
印　　刷：北京捷迅佳彩印刷有限公司
版　　次：2020 年 2 月第 1 版
印　　次：2020 年 2 月第 1 次印刷
开　　本：787 毫米 × 1092 毫米 1/16 开
印　　张：15.25
字　　数：228 千字
书　　号：978-7-5207-1239-2
定　　价：158.00 元
发行电话：（010）85924663 85924644 85924641